박변호사님,
이럴 땐 어떡하죠?

사례로 풀어본
성희롱·성폭력 사안 해결과
권리구제 실무 가이드

박변호사님, 이럴 땐 어떡하죠?

박찬성 지음

Sync&Hows

눈에 넣어도 아프지 않을,
세상 무엇보다 소중한 두 딸아이와
사랑하는 아내에게

추천사

　박찬성 변호사의 역저, 『박 변호사님, 이럴 땐 어떡하죠?』는 성희롱·성폭력 사안 처리의 실질 내용과 절차에 관한 쟁점을 예리하게 판단하고 명쾌하게 의견을 제시하는 주옥같은 글을 담고 있다.
　25개의 질문을 던지고 Q&A 형식으로 각각 서술하는 제1부는 다양한 사례를 바탕으로 사안 처리와 권리구제를 위한 구체적이고 유용한 실무지침을 제공한다. 공공과 민간 기관 내에서 성희롱·성폭력 사안과 관련하여 상담, 조사, 심의를 수행하는 담당자가 어떠한 원칙과 기준을 가지고 해당 사안을 처리해야 하는지를 설득력 있는 논리로써 이해하기 쉽게 논의한다.
　이 책의 독자가 제1부를 읽으면서 느끼게 되지만, 박 변호사의 언론 기고문을 수록한 제2부와 대학 인권센터 운영에 관한 토론문을 실은 제3부를 독파하게 되면 이 저작이 단순한 실무 안내서에 머물고 있지 않다는 점을 분명하게 깨닫게 된다. 성희롱·성폭력 문제를 다루는 변호사의 전문지식과 예지, 심사숙고, 균형적 관점을 접하게 된다.

　이 책의 논의와 해설은 입체적이고 심층적이다. 이를테면, 기관 내부에서의 고충 처리, 사건조사 및 징계 절차는 외부 사정기관의 수사나 법원의 판단 등과 어떤 맥락에서 유사하고 상이한지가 논의된다. 성희롱·성폭력 사건에 관련된 각종 법률, 국가인권위원회의 결정, 대법원과 각급 법원의 판례와 헌법재판소 결정도 적절하게 언급된다.

　이 책을 읽는 독자는 성희롱·성폭력 문제에 대한 인식의 깊이와 폭을 넓히게 될 것이다. 예를 들어, 성인지 감수성, 성희롱·성폭력의 법적 의미, 성희롱 성립의 업무관련성 요건, 2차 피해 유발행위, 피신고인의 방어권 및 진술거부권, 가해혐의자에 대한 공간 분리 및 접근 금지, 징계 양정을 위한 선택지, 사안 처리에 있어서 과잉 금지 또는 비례의 원칙, 피해자의 익명성 보호, 현행법의 미비점과 개선과제 등과 같은 여러 개념과 쟁점에 대한 이해의 지평선이 확장될 것이다.

　박 변호사는 이 책의 글에서 자신의 권리 보장을 위하여 타인의 권리를 존중하는 인간관계를 설파하고 있다. 이 책의 근저에 깔린 휴머니즘은 저자가 사회정의 실현이라는 기본적 사명에 충실한 자세를 견지하고 있음을 말해준다. 본 추천인은 성희롱·성폭력 사안을 다루는 관계자와 전문가는 물론 일반인에게까지 이 책을 필독하도록 적극적으로 권하게 된다.

　저자의 경력이나 학문적 배경은 성희롱·성폭력 문제에 관한 최고의 이론가이자 실무자로서 손색이 없다. 저자는 변호사가 된 이후 서울대학교 인권센터 전문위원을 시작으로 유수 대학, 그리고 대통령경호처를 비롯한 국가 및 지방정부, 공공기관, 민간기업 내의 고충 처리와 징계 절차에서 조사, 심의, 자문을 담당하였다. 좀 더 폭넓게 말하면, 저자는 자유민주주의 국가에서 헌법이 보장해야 하는 시민의 인권 보호에 진력하고 있는 셈이다. 뿐만 아니라 박 변호사는 서울대학교 정치외교학부의 학사과정 그리고 대학원 석사과정에서 정치공동체와 그 구성원이 지향해야 할 규범적 가치를 탐구하는 정치사상을 공부했다. 이러한 정치학 훈련을 바탕으로 서울대학교의 법학전문대학원과 법학대학원 박사과정에서 헌법학 전공으로 수학한 후에 변호사로서 법 실무에 종사하고 있다.

본 추천인은 서울대학교 정치외교학부 교수로 재직 시에 박 변호사와 사제 관계에 있었고, 더 나아가 교수와 학생에 대한 징계를 심의하고 결정하는 교육부총장과 총장직무대리로서 임무를 수행하였을 때에도 박 변호사와 인연이 없지 않았다. 이번에 출간되는 박 변호사의 글을 읽어가면서 그와 함께 했었던 지난 시간들을 잠시나마 떠올릴 수 있었던 것도 추천인으로서는 또 하나의 소소한 기쁨이기도 했다. 결론적으로, 본인은 각계각층의 독자에게 박 변호사의 역저를 당당하게 추천하고자 한다.

박 찬 욱 서울대학교 정치외교학부 명예교수
(前 서울대학교 교육부총장/총장직무대리)

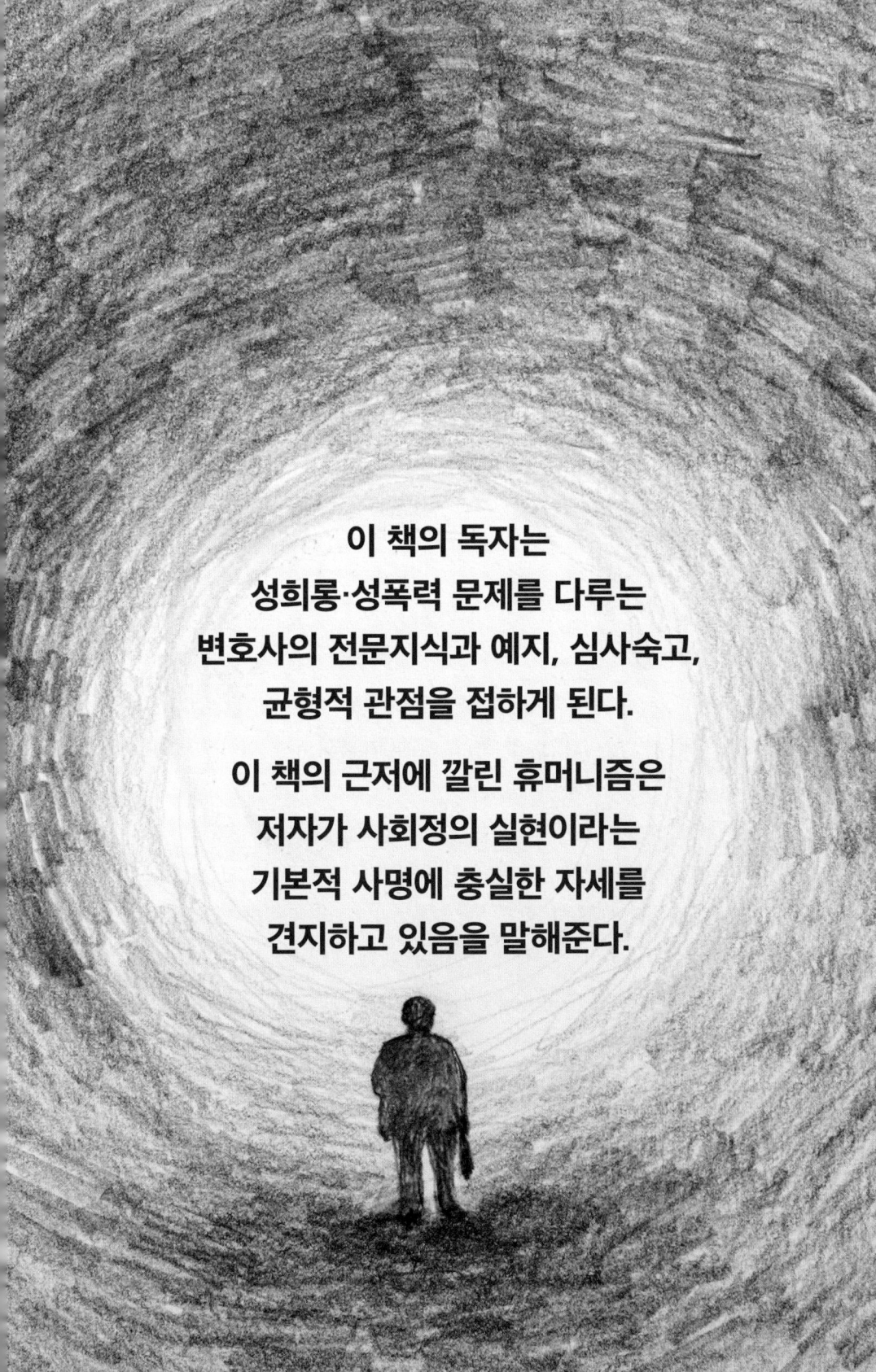

이 책의 독자는
성희롱·성폭력 문제를 다루는
변호사의 전문지식과 예지, 심사숙고,
균형적 관점을 접하게 된다.

이 책의 근저에 깔린 휴머니즘은
저자가 사회정의 실현이라는
기본적 사명에 충실한 자세를
견지하고 있음을 말해준다.

들어가며

　성희롱·성폭력 문제와 관련하여 두 번째 책을 펴내게 되었습니다. 제목은 자못 거창합니다만, '양두구육(羊頭狗肉)'의 우를 범하고 있는 것은 아닌지 두려운 마음이 큽니다.
　지난 2023년에 첫 번째로 펴냈던 《내일을 향해 일어설 용기》는 국가인권위원회 인권도서관과 서울도서관, 서울대학교 중앙도서관과 법학도서관, 포항공과대학교 박태준학술정보관 등 국내 여러 도서관뿐만 아니라, 미(美) 하버드 대학과 프린스턴 대학, 콜럼비아 대학과 미시건 대학(앤 아버) 도서관, 뉴욕공립도서관(New York Public Library), 그리고 미 의회도서관(Library of Congress) 등에도 소장되어 있다고 들었습니다. 대단한 영광으로 생각하는 한편으로, 무한하리만치 막중한 책임감을 느낍니다.
　이제까지 10여 년간 국가기관·공공기관 소속 성희롱·성폭력 고충상담원들을 대상으로 '성희롱·성폭력 관련 법과 사례'를 강의해 왔습니다. 또한 여러 국가기관·공공기관, 기업 등의 요청에 따라 자문의견을 각 기관에 제공했습니다. 그 과정에서 '이런 내용이라면 누구나 손쉽게 접할 수 있는 일반적 자료집으로 만들면 좋지 않을까?' 라고 느꼈던 사항이 여럿 있었습니다. 그런 생각에서 이번에 제가 자문의견으로 제공했던 여러 내용 중에서 함께 공유해 볼 만한 몇몇 실제 답변 사례를 추려 보게 됐습니다. 물론 꼭 제가 아니더라도 법률가라면 누구나 그리 어렵지 않게 답을 찾아나갈 만한 문제이기는 할 것입니다. 다만, 법률가가 아닌 분이라면 조금 더 상세한 이유 제시와 설명이 필요해 보이는 사항이 그동안에 조금씩 제 눈에 들어와 이렇게 한 권의 책으로 엮게 됐습니다.

    1장에서는 공공기관 등 사건처리 법률자문의 실제 회신사례를 정리해 엮었습니다. 나머지 장에서는 그동안 여성신문을 비롯한 경향신문, 서울신문, 세계일보, 강원도민일보 등 여러 언론사에 기고했던 칼럼 중에서 저의 첫 번째 책 《내일을 향해 일어설 용기》에 담지 못했던 글과 성희롱·성폭력 및 인권침해 문제해결 관련 심포지엄에서 발표했던 토론문 등의 졸고를 얼기설기 모아 보았습니다.

    피해자 보호와 비밀유지 의무 준수 관계로 몇몇 질문사항은 그 주된 취지만 남겨두고 세부 사항은 빠짐없이 각색했습니다. 다만, 그런 질문사항 자체가 성희롱·성폭력 조사·심의 실무 현장에서 실제로 문제가 된 논점들의 기본 골격인 만큼 그대로 살려 문답 형태로 정리했으니 사건처리를 위해 한 번쯤은 읽어볼 만한 가치가 있을 것으로 생각해 봅니다.

    누군가는 이런 실무적 내용까지 법률가가 아닌 일반인이 알아야 할 필요가 있느냐고 물어보실지도 모르겠습니다. 하지만 여기에는 분명한 필요성이 실재합니다. 성폭력범죄의 경우는 전문 수사 역량을 갖춘 수사기관의 도움에 기대어 볼 수 있으나, 일반적인 성인 간의 성희롱이라면 일차적으로 주로 기관 내의 고충처리 절차 등 징계를 염두에 두는 조사·심의 절차에서 다루어지고 있는 것이 현행법 하의 현실이기 때문입니다.

특히 대학 내에서 학생 간에 발생하고 있는 성희롱의 경우라면 그 필요성은 더더욱 절실합니다. 현행법에 따를 때 학생 간 성희롱 사건의 피해자 학생은 대학이 자체적으로 마련한 조사·심의 기구 이외에는 국가인권위원회의 권리구제 절차에 기댈 수도 없습니다. 따라서 기관 내 업무 담당자뿐만 아니라 성희롱·성폭력 등 사안의 징계나 그 밖의 제재를 직접 심의·결정해야 하는 고위직 내지 관리·감독자라면 어느 누구라도 사안 처리와 관련한 기본 원칙을 최소한 어느 정도만큼은 이해하고서 숙지하고 있는 편이 여러모로 도움이 되리라 생각합니다.

물론 여기에 담겨 있는 것만으로는 실무를 진행하는 과정에서 예상되는 모든 문제상황을 예외없이 100퍼센트 완벽하게 해결해 낼 수 있으리라고 장담할 수는 없겠지만, 일선 현장에서 사안 처리를 고민해 온 변호사 중의 한 사람으로서 실무 현장에서 많이 궁금하게 여기는 사항을 중심으로 가이드를 마련해 제공하려고 합니다.

모든 분이 저의 견해에 동의하지는 않으리라 생각합니다. 특히 이쪽 분야에서 저보다도 훨씬 더 오랜 경험과 깊은 학식을 갖춘 다른 전문가 중에는 개개의 문제사안들에 있어서 저와 다른 입장을 견지하고 계시는 경우도 적지 않을 것입니다. 그럼에도 이쪽 분야에서 제법 짧지 않게 '구경꾼'처럼 이런저런 사건을 그래도 가까이서 보아온 한 사람으로서 제 생각을 조심스레 밝혀보고자 합니다. 비록 저의 사견(私見)일지라도 성희롱·성폭력 더 나아가 인권 보호 분야에 하나의 토론 거리 정도는 되지 않을까 하는 마음입니다. 저의 의견을 단초로 이 분야에 관한 건설적 토론이 계속 이어져 나갈 수 있다면, 그것만으로도 저의 잡문이 나름대로 역할을 한 것이 아닐까 합니다. 그리고 여기에 담긴 모든 의견이 반드시 '정답' 내지 '최종 해법'이라고 말씀드릴 수는 없습니다만, 적어도 실무 현장에서 맞닥뜨리게 되는 여러 문제에 대해 참고로 삼을 만한 견해로는 유의미하게 활용될 수 있으리라 감히 자평합니다.

늘상 의례적으로 하곤 하는 진부한 이야기일 수도 있겠지만, 이 작은 책에 담긴 변변치 않은 몇몇 졸문이 성희롱·성폭력 피해로 고통받는 누군가에게는 미약하나마 위로가 될 수 있기를 바랍니다. 아울러 실제 사안에 당면해 성희롱·성폭력 문제 해결에 고심을 거듭하고 있는 실무 현장의 누군가에게 조금이라도 도움이 된다면 더할 나위가 없겠습니다.

마지막으로 감사의 말씀을 전해야 할 분들이 계십니다. 어수선한 초고를 흔쾌히 읽어주고 날카로운 의견을 나누어준 저의 서울대학교 법학전문대학원 동학이자 오랜 벗 최민준 영남대학교 법학전문대학원 교수와 서울대학교 인권센터 시절부터 꾸준히 인연을 이어오고 있는 선배이자 좋은 동료 이혜원 변호사님(前 서울대학교 인권센터 전문위원, 現 서울지방노동위원회 심판 담당 공익위원)에게 깊은 감사를 전합니다. 두 분 덕택에 저의 잡문이 비로소 조금 더 제대로 된 글 모양새를 갖출 수 있게 되었습니다. 다만, 여전히 이 책 어딘가에 남아있을, 모든 오류는 오롯이 저의 책임임을 밝혀둡니다. 그리고 부족하기 그지없는 제자의 잡서에 너무나도 멋진 추천사를 보내주신 대학과 대학원

시절의 은사님이신 서울대학교 정치외교학부 박찬욱 명예교수님(前 서울대학교 교육부총장·서울대학교 총장직무대리), 《내일을 향해 일어설 용기》를 출간하였을 때와 마찬가지로 이번에도 깊은 관심으로 귀한 추천의 말씀을 보내주신 명지대학교 디지털미디어학과 박선이 교수님(現 여성문화네트워크 대표·前 영상물등급위원회 위원장)께도 마음을 모아 감사의 말씀을 올립니다.

저의 사랑스러운 두 딸 아이가,
그리고 소중한 이 세상 모든 아이가 앞으로
조금이라도 더 안전하고 나아진 세상을 만날 수 있기를!

2025년 2월

박 찬 성

목차

추천사   006

들어가며   010

제1장 25개의 질문으로 살펴보는 성희롱·성폭력 사안 업무처리 실무 가이드
: 공공기관 등 사건처리 법률자문 회신사례

질문과 검토의견 01	022
질문과 검토의견 02	024
질문과 검토의견 03	027
질문과 검토의견 04	030
질문과 검토의견 05	036
질문과 검토의견 06	037
질문과 검토의견 07	041
질문과 검토의견 08	044
질문과 검토의견 09	048
질문과 검토의견 10	052
질문과 검토의견 11	054
질문과 검토의견 12	059
질문과 검토의견 13	063
질문과 검토의견 14	072

질문과 검토의견 15	075
질문과 검토의견 16	080
질문과 검토의견 17	083
질문과 검토의견 18	087
질문과 검토의견 19	090
질문과 검토의견 20	092
질문과 검토의견 21	096
질문과 검토의견 22	102
질문과 검토의견 23	105
질문과 검토의견 24	108
질문과 검토의견 25	113

제2장 **성희롱·성폭력,
여러 관점에서 다가가 보기
: 언론 기고 칼럼**

성희롱에 행위자 요건이 꼭 필요한가? 118
성희롱을 성희롱이라 하지 못하는 현행법 120
주장과 사실, 그리고 성인지 감수성 122
우리가 모두 성인지 감수성을 고양해야 하는 이유 128
피의자의 사망과 수사의 계속, 무죄추정의 원칙과 130
피해자 보호
그 이후로도 남게 되는 것들에 관하여 133
성폭력 피해자 보호와 공간분리 및 접근금지의 원칙 136
'보이지 않는 성희롱'도 성희롱이다 140
N번방, 조직범죄로서의 성착취 142
새로운 성폭력처벌법 규정들 함께 읽어보기 144
청소년 가해자 '보호'하는 아청법 147
그게 과연 진의에 기한 동의였을까요? 149
당신이라면 어땠을까요? 151

무관용 원칙과 과잉금지의 원칙	154
중요한 것은 익명신고가 아니라 피해자 익명성 보호다	156
이게 '성희롱 2차 피해'가 맞기는 한 건가요?	162
날조된 구체적 진술이라는 것	166
최선의 대응책으로서의 인정과 사과	168
타인에 대한 존중, 바로 나 자신을 위한 노력	170
왜 자꾸만 반복되는 걸까요?	172

제3장 나가는 글
: 대학 인권센터 운영에 관한
어느 토론회에서 밝힌 '구경꾼'의 소회

토론문	178

제1장

25개의 질문으로 살펴보는 성희롱·성폭력 사안 업무처리 실무 가이드 :

공공기관 등 사건처리 법률자문 회신사례

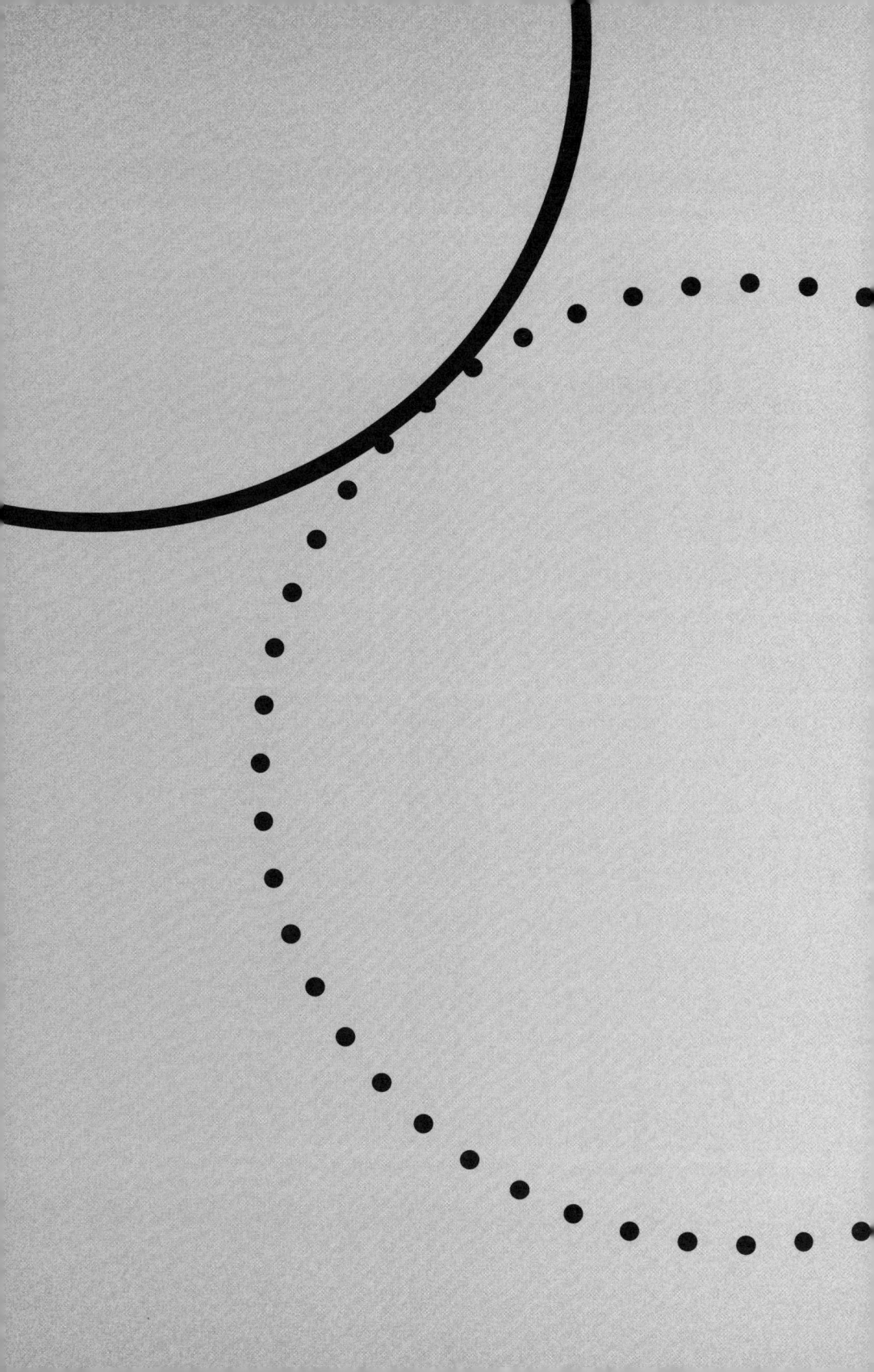

질문과 검토의견 01

사립대학 내에서 성희롱·성폭력 사안을 처리해 오고 있었습니다. 그런데 성희롱·성폭력 고충심의위원회를 진행하는 과정에서 약간의 절차적 하자가 발생했다는 주장이 대두됐습니다. 사안을 징계위원회로 이관하고자 하는데, 이런 경우 성희롱·성폭력 고충심의위원회 단계에서의 절차상 하자가 징계절차의 하자로서 끝까지 문제될 수밖에는 없는 것인가요?

    대학을 포함한 공공기관의 성희롱·성폭력 고충심의위원회가 가지는 절차상의 법적 지위 내지 성격은 징계를 위한 절차상의 징계위원회와 동일한 것은 아닙니다.
    「사립학교법」 제61조 제1항 및 제64조에 따라서 사립학교 교원에 대한 징계의결 요구권자는 사립학교 교원의 임용권자가 되며 제반 학칙 또는 그 밖의 관계 규정에서 ○○대학교 성희롱·성폭력 고충심의위원회에 '징계요구권'을 부여하고 있다 하더라도 이는 위 법에서 정하는 징계의결 요구권한의 행사인 것은 아닙니다. 이는 법률상의 징계의결 요구권자인 사립학교 교원의 임용권자에 대하여 그 징계의결 요구권한을 행사하여 줄 것 또는 발동하여 줄 것을 '촉구'하는 것에 해당합니다. 사실상으로는 성희롱·성폭력 고충심의위원회에서 대학의 징계위원회에 사건 관련 서류를 곧바로 송부하는 경우라 하더라도 마찬가지입니다.

그러므로 ○○대학교 성희롱·성폭력 고충심의위원회의 심의·의결과 그 결과 통보에 이르는 과정에서 설령 다소간의 절차적인 하자가 있었다고 하더라도 이는 징계를 위한 본(本) 절차가 아니라 징계 절차 개시를 위한 일종의 전심절차에 유사한 과정이라고 볼 수 있기에 징계 그 자체에 대한 하자로 곧바로 이어진다고 보기는 어렵다고 할 것입니다.

더 나아가 절차상의 하자는 그 이후의 절차 진행 과정에서 적절하게 바로잡아 치유될 수도 있기에 설사 성희롱·성폭력 고충심의위원회 진행 단계에서 약간의 절차적 문제가 발생하였던 것이 사실이라고 가정하더라도, 그 이후에 이어지게 되는 징계를 위한 본 절차에서 아무런 하자 없이 최대한의 주의를 기울여 일련의 과정을 진행한다면 최종적인 징계에 있어서 절차적인 하자의 문제는 발생하지 않으리라고 볼 수 있겠습니다.

즉, ○○대학교 성희롱·성폭력 고충심의위원회의 징계요구 또는 징계건의나 요청에 의거하여 법률상의 징계의결 요구권자인 교원 임용권자가 「사립학교법」에서 정하는 내용에 따라서 징계의 본 절차를 개시하는 때로부터 위 법이 정하고 있는 각 규정상의 내용을 충실히 준수하고 피징계혐의자(피신고인)의 방어권을 충분히 보장한다면 절차상 하자로 문제가 될 소지는 없다고 하겠습니다.

질문과 검토의견 02

성희롱·성폭력 행위를 한 것으로 신고된 사람에게 사건 조사와 심의 그리고 그 이후의 징계를 위한 절차를 진행하는 과정에서 문제가 되고 있는 사건에 관한 정보를 어디까지 공개 또는 제공해 주어야 할까요?

　대법원 1995. 7. 14. 선고 94누11491 판결, 대법원 2014. 11. 27. 선고 2011다41420 판결 등에 따르면 징계위원회에서 징계대상자에게 징계혐의 사실을 고지하고 그에 대하여 진술할 수 있는 기회를 부여하면 충분한 것이되, 그 혐의사실 개개의 사항에 대하여 구체적으로 발문(질문)함으로써 징계대상자가 이에 대해 빠짐없이 진술하도록 조치하여야만 하는 것은 아닙니다.

　징계는 일반적인 형사처벌과 그 법적 성격을 달리하는 것이고, 일반적인 공공기관은 수사기관이 아니기 때문에 수사절차에서 요구되는 것과 동등한 수준의 혐의사실 고지와 방어권 행사기회 부여까지 요구되는 것도 아닙니다.

　그러나 다른 한편으로 징계 또한 당사자에게 있어서는 불이익한 조치 등에 해당한다는 점은 명백하기에 기본적인 방어권을 충분히 행사할 수 있게끔 하는 것은 당연히 필요합니다. 이를 위해서는 적어도 어느 피해자에 대해(다만, 그 피해자의 보호를 위해서 그 실명 등을 익명화하는 것은 가능할 뿐만 아니라 필요한 조치라고 하겠습니다) 언제 어디에서 어떤 내용의 행위가 있었는지에 관하여 조사·심의가 진행될 것인지 정확히 파악할 수 있을 만한 수준의 정보가 제공되어야 한다는 것, 다시 말해 피신고인(피징계혐의자) 본인이 어떠한 혐의사실에 대해서 방어하여야 하는지를 구체적으로 알 수 있게끔 하는 정보가 제공되어야 하는 것은 꼭 필요하다고 하겠습니다.

이를테면 피신고인은 6명의 피해자에 관한 사항으로 징계절차에 회부되었다고 인식하고 있었으나 실제로는 8명의 피해자에 대한 내용으로 징계가 내려지게 된다면(그리고 심의 과정에서 징계사유로 적시된 나머지 2명의 피해자의 사안에 관해서는 피신고인에게 문답을 통하여 답변할 기회마저 주어지지 않은 것이라면) 이는 피신고인으로서는 본인의 혐의사실에 대한 충분한 고지가 이루어지지 않음으로써 방어권을 제대로 행사하지 못했다고 주장할 만한 사유가 될 여지가 무척 큽니다.

그러나 다른 한편으로 기관 측의 입장에서는 – 그리고 피해자 측으로서도 마찬가지로, 만일 피해사실에 대한 내용을 피신고인에게 제공할 경우 피해자에 대한 보호에 미흡한 점이 발생할 수도 있지 않겠느냐는 반문이 가능할 것입니다. 깊이 공감할 만한 우려이나 이것만으로 피신고인의 방어권 행사를 가로막아서는 안 된다고 봅니다.

피해자에 대한 두터운 보호는 피신고인으로 하여금 피해자에 대한 연락·접근 시도 등을 하지 못하게끔 미리 조치하는 것으로 시작되어야 할 것입니다. 조사 및 심의 등 관련 절차가 진행되는 동안 피신고인이 위와 같은 사전적인 조치사항을 함부로 무시한다거나 또는 그에서 더 나아가 피해자에게 유·무형의 불이익을 가하는 등의 부당한 행위를 할 경우,

이를 별도의 조치 또는 제재 근거로서 고려하게 되거나 본래의 사건에 대한 제재에 있어서 가중제재 사유로 당연히 참작하게 된다는 점을 피신고인에게 강력하게 주지시키고 경고하여야 할 것입니다. 이러한 방식으로써 그 준동을 억지하는 것이 적절하리라고 판단됩니다.*

요컨대, 피해자에 대한 보호를 이유로 하여 현재 피신고인이 어떠한 내용의 혐의를 받고 있는 것인지를 충분히 알려주지 않는다는 것은 어떠한 관점에서 보더라도 적절치 않습니다. 피해자 보호와 피신고인 방어권 보장 사이에서 적정한 균형점을 찾을 필요가 있습니다.

---

*   예컨대, 서울대학교 인권센터의 경우에는 피신고인의 피해자 보호조치 위반 등과 관련하여 다음과 같은 규정을 마련해 두고 있음을 볼 수 있습니다[「서울대학교 인권센터 규정」(서울대학교학교규정 제2524호, 2024. 6. 27. 전부개정되어 같은 날 시행된 것.)].
제34조(징계의 요청) ① 센터장은 다음 각 호 어느 하나의 사유에 해당하는 경우 징계 사유와 징계의 정도에 관한 의견을 첨부하여 총장에게 징계를 요청할 수 있다.
1. (생략)
2. 당사자가 제20조 또는 제33조제1항에 의한 피해자 보호를 위한 조치에 따르지 아니한 경우
3. 당사자가 사건과 관련하여 상대방에게 보복을 가하거나 부당하게 불이익을 끼친 경우
4. 당사자가 부당하게 상대방의 신원을 노출하거나 상대방의 명예를 훼손한 경우
5. (생략)

질문과 검토의견 03

사건 조사·심의를 위한 절차의 진행에 있어서 피징계혐의자(피신고인)의 방어권 보장이 중요하다고 하는데 그렇다면 기관 내 조사 담당자나 고충심의위원회 관여 위원으로서는 피징계혐의자에 대한 문답을 진행함에 있어서 어떠한 점을 유의할 필요가 있을까요?

현실에서 피징계혐의자 내지 피신고인이 사건 조사와 그 이후의 절차 진행에서 방어권을 제대로 보장받지 못했다고 주장하면서 항의를 하거나 불복하는 경우는 상당히 많습니다. 최대한도에서 두텁게 그 방어권을 보장받은 자조차도 그런 식의 불만을 터뜨리는 경우는 왕왕 있습니다. 그렇기 때문에 그러한 취지의 항의를 받게 되는 것을 두려워할 이유도 없고 그럴 필요도 없습니다. 조사 담당자나 고충심의위원회 관여 위원으로서는, 지켜야 할 원칙에 따라서 차분하게 절차를 진행해 나가면 그만입니다. 그것으로 족합니다.

근본적으로는 아무리 피징계혐의자라 하더라도 그 본인이 어떠한 사항에 대해 조사받고 있는지, 즉 어떤 혐의에 대해 소명하거나 변명하여야 하는지를 정확하게 인지한 상태에서 답변하고 반박 증거 등을 제출할 수 있게끔 적절한 기회를 주어야 한다는 점이 중요합니다. 이를 잘 이해하신 상태에서 관련 절차를 진행한다면 혐의를 받고 있는 측에서 하자가 있었다며 강하게 항의를 해 온들 특별히 문제 될 것은 실제로는 없으리라는 점을 명심하십시오.

징계위원회 등 징계와 관련한 절차에서 징계대상자(피징계혐의자)가 충분한 방어권을 행사한 것으로 볼 수 있는지 여부에 관해서 대법원은 "징계위원회에서 징계대상자에게 징계혐의 사실을 고지하고 그에 대하여 진술할 기회를 부여하면 충분하고, 혐의사실 개개의 사항에 대하여 구체적으로 발문하여 징계대상자가 이에 대하여 빠짐없이 진술하도록 조치하여야 하는 것은 아니다"라는 원칙을 분명히 해 둔 바 있습니다. (대법원 2020. 6. 25. 선고 2016두56042 판결 등 참조)

심지어 그 방어권 행사에 대하여 일반적인 징계 관련 절차보다도 훨씬 더 높은 수준, 말하자면 최고도의 방어권 보장을 요하는 형사절차에 대해서도 대법원은 "공소사실의 특정을 요구하는 법의 취지는 피고인의 방어권 행사를 쉽게 해 주기 위한 데에 있으므로 공소사실은 이러한 요소를 종합하여 구성요건 해당사실을 다른 사실과 식별할 수 있는 정도로 기재하면 족하고 공소장에 범죄의 일시, 장소, 방법 등이 구체적으로 적시되지 않았더라도 공소사실을 특정하도록 한 법의 취지에 반하지 아니하고, 공소범죄의 성격에 비추어 그 개괄적 표시가 부득이하며 그에 대한 피고인의 방어권 행사에 지장이 없다면 그 공소내용이 특정되지 않았다고 볼 수 없다"라는 법리를 명백히 밝혀 두고 있습니다(대법원 2010. 8. 26. 선고 2010도4671 판결 등 다수 판례 참조).

그리고 하급심 법원의 판례 중에는 "(징계위원회 출석통지서 상에 출석이유를 기재하도록 하는) 규정의 취지는 징계대상자로 하여금 어떠한 사유로 징계에 회부되었는가를 사전에 알게 함으로써 징계의결 전 충분히 그에 대하여 소명하는 등 방어권을 행사할 수 있도록 보장하려는 데에 있으므로, 출석통지서에 기재되는 징계혐의사실은 그 내용이 상세하고 구체적이지 않더라도, 징계대상자가 방어권을 행사하는 데 지장이 없을 정도로 특정되면 충분하다 할 것"이라고 판시한 예도 어렵지 않게 찾을 수 있습니다. (대구지방법원 2015. 9. 15. 선고 2015구합22259 판결 참조)

더 나아가 대법원은 최근 "성비위행위의 경우 각 행위가 이루어진 상황에 따라 그 행위의 의미 및 피해자가 느끼는 수치심 등이 달라질 수 있으므로 원칙적으로는 해고 대상자의 방어권을 보장하기 위해서는 각 행위의 일시, 장소, 상대방, 행위 유형 및 구체적 상황이 다른 행위들과 구별될 수 있을 정도로는 특정되어야 한다. 그러나 이 사건에서와 같이 불특정 다수를 상대로 하여 복수의 행위가 존재하고, 해고 대상자가 그와 같은 행위 자체가 있었다는 점을 인정하는 경우에도 해고사유의 서면 통지 과정에서 개개의 행위를 모두 구체적으로 특정하여야 하는 것은 아니다"라는 전제에서 "(당해 사건의) 원고가 2018. 7. 11.경부터 같은 달 16일경까지 피고 보조참가인 측과 면담하는 과정에서 원고의 비위행위는 2학년 3반 학생들이 문제를 제기한 신체접촉과 발언 특히 원고가 인정하는 부분으로 구체화되었고 원고의 사직 의사표시 및 철회, 해고에 이르기까지의 경위와 이 사건 통지서의 문구에 비추어 보면 원고의 해고사유는 2학년 3반 학생들이 문제제기한 신체접촉(꼬집는 행위, 손잡아 끄는 행위)과 외모에 대한 발언으로 특정되었다고 보인다. 사정이 이와 같다면 이 사건 통지서상 원고의 해고사유를 이루는 개개의 행위의 범주에 다소 불분명한 부분이 있다고 하더라도 이 때문에 원고가

이 사건 해고에 대하여 충분히 대응하지 못할 정도였다고 보기는 어렵다"라고 판시하였습니다. (대법원 2022. 1. 14. 선고 2021두50642 판결)

그러므로 피해자 또는 참고인의 보호를 위하여 문제가 되고 있는 사실관계의 일부 사항을 익명처리하는 것은 별다른 문제가 없다고 할 것입니다. 다시 한번 강조해서 말씀드립니다만, 그 본인이 어떠한 사항에 대하여 조사받고 있는 것인지, 즉 언제 어디서 어떠한 행위를 하였다고 하는 혐의에 대하여 소명하거나 변명하여야 하는지를 정확하게 인지할 수 있게끔 하는 정보가 피징계혐의자(피신고인)에게 기관 내부의 절차 규정 등 관계 규정에 따른 적절한 방법으로 제공된 상태라면, 설령 조사·심의의 대상자(피신고인) 측에서 충분한 방어권을 행사하지 못했었다고 주장하거나 반발할 수는 있다 하더라도, 실제로는 그 절차 진행에 있어서 정말로 문제가 될 만한 위법·부당한 측면은 없다고 정리할 수 있겠습니다.

질문과 검토의견 04

**조사를 진행하려고 하는데 피신고인(피징계혐의자)이 변호사로부터 조력을 받기를 희망한다고 하면서 변호사를 선임해서 동행하였습니다.
어떻게 대처해야 할까요? 피신고인 측의 변호사가 조사에 입회하지 못하도록 조치해도 되나요?**

먼저, 문제가 되고 있는 사건처리 절차가 국가나 지방자치단체 등의 행정절차라면 그 절차에서 대리인인 변호사로부터 조력을 받을 수 있는 것은 법이 명문으로 보장하고 있는 권리라고 하겠습니다. 「행정절차법」에 따르면 행정청의 처분에 대하여 직접 그 상대가 되는 당사자나 행정청이 직권으로 또는 신청에 따라 행정절차에 참여하게 한 이해관계인은 변호사를 대리인으로 선임할 수 있고(「행정절차법」 제12조 제1항 제3호), 대리인으로 선임된 변호사는 그를 선임한 당사자 또는 이해관계인을 위하여 행정절차에 관한 모든 행위를 할 수 있습니다. (「행정절차법」 제12조 제2항 및 제11조 제4항)

관련하여 헌법재판소가 변호인의 조력을 받을 권리에 관하여 어떻게 판시하였는지 참고삼아 함께 살펴보겠습니다.

다음으로, 변호인의 조력을 받을 권리가 그 속성상 형사절차에서 구속된 사람에게만 부여될 수밖에 없는 것인지 살펴본다. 구속된 사람에게 변호인 조력권을 즉시 보장하는 이유는 구속이라는 신체적 자유 제한의 특성상 구속된 사람의 자유와 권리를 보장하려면 변호인의 조력이 필수적이기 때문이다. 즉, 구속을 당한 사람은 자연권적 속성을 가지는 신체의 자유가 심각하게 제한된 상황에 처하고, 구속에 따른 육체적·정신적 제약이 커서 스스로의 힘만으로는 자신의 자유와 권리를 제대로 방어하기 어려울 뿐만 아니라, 구속의 당부를 다투려면 법적 절차를 거쳐야 하므로, 그에게는 법률전문가인 변호인의 조력이 즉시 제공되어야 한다. 이러한 속성들은 형사절차에서 구속된 사람이나 행정절차에서 구속된 사람이나 아무런 차이가 없다. 이와 같이 행정절차에서 구속된 사람에게 부여되어야 하는 변호인의 조력을 받을 권리는 형사절차에서 구속된 사람에게 부여되어야 하는 변호인의 조력을 받을 권리와 그 속성이 동일하다. 따라서 변호인의 조력을 받을 권리는 그 성질상 형사절차에서만 인정될 수 있는 기본권이 아니다.

결국 헌법 제12조 제4항 본문은 형사절차뿐 아니라 행정절차에도 적용된다고 해석하는 것이 헌법 제12조 제4항 본문 자체의 문리해석의 측면에서 타당하고, 변호인 조력권의 속성에도 들어맞으며, 우리 헌법이 제12조 제1항 제1문에 명문으로 신체의 자유에 관한 규정을 두어 신체의 자유를 두텁게 보호하는 취지에도 부합할 뿐 아니라, 헌법 제12조의 체계적 해석 및 목적론적 해석의 관점에서도 정당하다.

종래 이와 견해를 달리하여, 헌법 제12조 제4항 본문에 규정된 변호인의 조력을 받을 권리는 형사절차에서 피의자 또는 피고인의 방어권을 보장하기 위한 것으로서 출입국관리법상 보호 또는 강제퇴거의 절차에도 적용된다고 보기 어렵다고 판시한 우리 재판소 결정(헌재 2012. 8. 23. 2008헌마430)은, 이 결정 취지와 저촉되는 범위 안에서 변경한다.

[헌법재판소 2018. 5. 31. 선고 2014헌마346 전원재판부 결정]

다만, 행정청이 아닌 통상적인 사기업체의 경우라면 성희롱·성폭력과 관련한 기관 내부의 조사·심의 절차에서 변호사의 조력을 받을 수 있도록 허용하여야 한다는 법률상의 일반적인 근거 규정이 마련되어 있지는 않습니다. 법원도 "한편, 그 취업규칙이나 징계규정 등에 별도의 규정이 없는 한 사업주의 근로자에 대한 징계절차에서 징계대상 근로자가 변호사를 대동하여 출석할 권리가 당연히 보장된다고는 할 수 없는데, 피고의 징계규정에 징계대상 근로자가 변호사를 대동하여 징계절차에 출석할 권리를 보장하는 규정이 없으므로 피고 ○○○ 본부가 원고가 징계위원회를 개최함에 있어서 원고의 변호사 대동을 거부한 것에 절차상의 하자가 있다고는 볼 수 없다"라고 판시한 바 있습니다. (서울고등법원 2015. 12. 18. 선고 2015나2003264 판결 참조)

요컨대, 행정절차의 성격을 갖지 아니하는 사기업체 내의 성희롱·성폭력 관련 조사·심의 절차에서라면 취업규칙이나 그 밖의 기관 내부 규정에 관련된 내용이 명시되어 있지 않은 한에서 변호사의 입회 또는 동석을 제한하더라도 그 자체만으로 위법·부당한 것은 아니라고 하겠습니다.

그러나 법전 속에 활자화되어 있는 조문이 아니라 현장에서의 실무 경험에 터 잡아 조심스럽게 말씀드린다면, 피신고인이 선임한 변호사의 입회를 희망하고 있는 때에는 특별한 사정이 없는 한 피신고인의 그 요청을 받아들여 변호사의 조력을 받게끔 하는 것이 불필요한 분란 내지는 분쟁의 소지를 미연에 방지하는 선택이 될 수 있으리라고 봅니다. 즉, 변호사의 입회를 막아야 할 특단의 객관적 사정이 확인되지 않은 이상, 변호사의 동석을 막지 않는 것을 권합니다.

여기서 오해하시면 안 되는 점이 있습니다. 조력자인 변호사의 입회를 허용한다고 해서 구체적인 문답에 있어서도 피신고인 본인이 아닌 변호사의 답변을 허용해야 한다는 의미가 결코 아니라는 것입니다. 문답 진행 도중이라도 원하는 때에 입회한 변호사와 상의할 수 있게끔 해 주는 것은 필요하겠으나, 그렇더라도 실체적인 내용에 관한 답변은 오로지 피신고인이 하여야 할 것입니다. 그리고 입회한 변호사에게는 문답 말미에 종합적인 의견을 개진할 수 있는 기회를 적절하게 부여하는 것으로 충분할 것입니다.

가해혐의자가 변호인과
동행했다면
이때 어떻게 대처해야 할까요?

질문과 검토의견 05

피신고인이 조사 중 확보된 증거자료의 공개를 요구하고 있습니다. 방어권 보장이 필요하다고 한다면, 이런 경우에도 피신고인의 위와 같은 요구에 그대로 응해 주어야만 하는 것인가요?

징계나 그 밖의 제재 등 조치를 위한 공공기관 내 조사·심의 절차는 일반적인 민사 또는 형사재판 절차와는 그 성격이 완전히 다른 것이어서, 대등한 당사자 사이에서 사실관계에 대한 상호 간 공방이 이루어지는 절차가 아닙니다.

그렇기 때문에 조사 중 확보된 증거자료(진술조서 등의 형식으로 정리된 문서 등을 모두 포함합니다)를 피신고인에게 그대로 공개하여야 할 이유는 없으며 특히 피해자나 참고인의 보호를 위해서도 증거자료를 그대로 공개한다는 것은 그 자체로 부적절합니다.

방어권을 보장하여야 한다는 것은 피신고인으로 하여금 어떠한 혐의사실에 관해서 문제되고 있는 것인가 하는 점을 구체적으로 인식한 상태에서 반박 내지는 변명할 기회를 부여하여야 한다는 의미일 뿐, 이것이 반드시 조사 중 확보하여 기관이 보유하게 된 모든 자료를 원문 그대로 공개하여야 한다는 의미가 될 수는 없습니다.

요컨대, 증거자료를 공개할 이유가 없고, 피신고인의 요구에 따를 까닭은 없겠습니다.

질문과 검토의견 06

피신고인은 현재 기관 내 조사 절차 이외에 수사기관에서도 동일한 사실관계에 대하여 수사가 이루어지고 있고 위 수사절차에서 '무혐의' 여부가 다투어지고 있는 것이니, 기관 내에서는 사건 조사를 중단하여 달라고 요구하고 있습니다. 이런 경우에 수사결과가 나올 때까지 피신고인의 요구를 받아들여 주어야만 하는 걸까요?

문의하신 기관의 내부 운영규정에 따르면 기관 외부의 수사기관을 통해서 수사가 계속 이루어지고 있는 경우에는 기관 내부의 사건조사 등 절차를 중단할 수 있는 것으로 정해져 있습니다.

그러나 귀 기관의 운영규정 문언 자체로도 명확한 바, 외부 절차에 사건이 계류 중이라고는 하더라도 '반드시' 기관 내의 절차를 '중단하여야만' 하는 것은 아니며 상황을 고려한 판단에 따라서 임의적으로 '중단할 수도' 있다는 것이므로 구체적인 사정을 고려하여 기존의 사건조사 등 절차를 중단하지 아니하고 계속 진행하는 것은 아무런 문제가 없습니다.

피신고인 측은 문제 되는 사실관계에 대하여 무혐의 여부가 수사절차 상에서 다투어지고 있으므로 기관 내 사건조사가 중단되어야 한다는 의견을 개진한 것으로 보입니다. 하지만 무혐의 여부가 다투어지고 있다거나 수사 중에 있다는 이유만으로는 기관 내에서 별도의 사건조사 절차를 진행할 수 없는 이유가 되지는 않는다고 하겠습니다.

제공해 주신 정보에 따르면, 피신고인 측은 만일 기관 내의 사건조사 결과가 수사기관이나 법원에 전달된다면 이는 헌법상의 무죄추정의 원칙에 따라서 피신고인에게 당연히 보장된 권리를 부당하게 침해하는 결과로 이어지게 될 것이므로, 기관 내 사건조사가 중단되어야 한다는 취지로도 주장하고 있다고 하셨습니다.

그런데 기관 내의 사건조사 결과가 수사결과보다 앞서 도출되고 그 결과가 수사기관 또는 법원에 제출된다고 하더라도 기관 내 인권센터는 범죄사실 여부를 판단하는 사법기관이 아닙니다. 따라서 인권센터의 판단 결과는 그 성질상 범죄의 성립 여부를 좌우할 만한 요소가 되지 않는 것입니다.

설령 기관 내에서 자체 조사를 진행한 결과, 피신고인을 징계하는 것이 적절하다는 취지의 결론이 미리 내려진다고 하더라도, 그리고 그러한 결과가 모종의 형식으로 수사기관이나 법원에 전달된다고 한들 이것이 헌법상의 무죄추정의 원칙에 반하는 것은 아닙니다. 따라서 무죄추정의 원칙에 조금이라도 저촉된다고 볼 만한 법적 근거는 어디에도 없습니다. 이는 피신고인 측의 별다른 근거도 없는 독자적인 주장에 불과합니다.

수사기관의 수사 결과를 기다리지 아니하고 기관 내 인권센터에서 별도의 결론을 내렸거나 기관 내 인권센터와 외부 수사기관이 별도의 목적과 상이한 관점에서 다른 판단을 내리게 되었다 하더라도 이는 그 제도상의 목적과 문제에 대한 접근 방식 및 관점, 두 제도에 적용되는 판단 기준상에 근본적인 차이가 있기 때문에 발생하는 불가피한 결과일 뿐입니다. 따라서 그 자체만으로 반드시 모순되는 것이라고 보기는 어렵습니다. 그러므로 기관 내 조사·심의 부서가 최선의 주의를 다하여 판단을 내린 것이라면, 설사 수사기관과 기관 내 인권센터의 결론이 서로 불일치한다 해도 이것만으로 피신고인에게 부당한 손해가 발생하게 된 것도 아니라 하겠습니다.

다만, 여기서 한 가지 유념하셔야 할 점이 있습니다. 기관 내 인권보호 부서는 수사기관이 아니라 기관 차원의 내부 질서 및 규율 유지와 구성원 보호를 일차적인 목적으로 하는 기관 내 부서라는 사실입니다. 설령 동일한 사안에 대하여 수사기관과 그 판단을 달리할 수 있고 독자적인 견해를 표명할 권한이 있다고는 하더라도, 여기서 '판단을 달리할 수 있다'라는 의미는 동일한 사실관계를 두고 수사기관은 '범죄가 아니라고' 판단하는데 기관 내 인권센터는 그것이 '범죄에 해당한다는' 취지로 마음 가는대로 달리 결정해도 괜찮다는 뜻이 결코 아니라는 점입니다. 이 부분을 정확하게 이해하실 필요가 있습니다.

범죄의 성립 여부 판단에 있어서는 수사기관 그리고 최종적으로는 법원의 유권적 판단이 당연히 우선합니다. '달리 판단할 수 있다' 그리고 '동시에 병행하여 판단할 수 있다'라는 것이, 수사기관은 범죄 불성립의 결론을 내린 것임에도 불구하고 기관 내 인권센터는 동일한 사실관계에 대해서 범죄가 맞다고 하는 완전히 모순된 결론을 내려도 무방하다는 의미가 아님을 반드시 명심하여야 할 것입니다.

그리고 A라고 하는 사실의 유무에 있어서도 수사기관과 법원은 A라는 사실이 있었다고 인정하기 어렵다는 판단을 한 것임에도, 별도의 특별한 정당화 사유도 없이 기관 내 인권보호 부서가 'A라고 하는 사실이 있었음을 인정할 수 있다'라고 판단할 수도 없는 것입니다.

즉, '인정될 수 있는 사실관계에 대하여' 다른 관점에서 '달리 평가' 해 볼 수 있다는 의미일 뿐, 사실 여부 인정 그 자체에 대해서도 아무렇게나 독자적으로 판단해도 좋다는 의미가 아닙니다.

그렇기 때문에 기관 내 인권센터가 판단하기에도 별다른 객관적 증거가 없을 뿐만 아니라 양측의 진술이 첨예하게 갈리고 있는데 그 구체성과 일관성만으로는 어느 한쪽에 손을 들어주기가 쉽지 않은 상태여서 주장사실의 진위 여부를 가려내기에 곤란한 점이 있는 경우라면 이때는 수사기관의 수사결과를 기다려보기 위하여 절차를 중단하는 것이 보다 바람직할 수도 있겠습니다.

그러므로 문제 되는 사건이 현재 어떠한 상황에 놓여 있는 것인지를 잘 따져본 후 조사 절차의 중단 필요성 유무를 판단하여 보실 것을 권합니다.

질문과 검토의견 07

저희 기관에 소속된 어느 직원이 어떤 여성의 '다리' 부분을 동의 없이 촬영하였다는 내용으로 수사를 받고 검사로부터 교육이수조건부 기소유예처분을 받았습니다. 재판에 회부되어 처벌을 받은 것은 아닌데, 이런 경우에도 위와 같은 사실관계를 법령을 위반한 행위가 있었던 것으로 봐서 징계해도 무방한가요?

　가슴, 엉덩이 등 이른바 '성적으로 민감한 신체부위'가 아니라 피해자의 '다리' 부분을 중점적으로 촬영하였다고 하더라도 「성폭력범죄의 처벌 등에 관한 특례법」에 따른 카메라등이용촬영죄에 해당하는 것으로 판단된 사례를 찾아보는 것은 어렵지 않은 일입니다.
　특히, 문의하신 사안의 경우에는 검사로부터 이미 교육이수조건부 기소유예처분이 내려진 상황이라고 하셨습니다. 기소유예처분이라는 것은 증거에 따라 확인된 사실에 비추어 범죄성립은 인정되지만 제반 정상을 참작하여 공소제기는 하지 않는 것으로 처분하는 것을 의미합니다. 이처럼 기소유예처분이 있었던 이상 피해자의 '다리' 부분을 촬영한 것이 범죄 구성요건에 해당하는 것으로 볼 수 있는지, 즉 법령을 위반한 행위가 있었다고 볼 수 있는지 여부를 다시금 따져 볼 필요는 없다

박 변호사님, 이럴 땐 어떡하죠?

고 생각됩니다(기소유예처분은 불기소처분의 한 종류이기는 하지만 이것은 범죄혐의가 인정되지 아니한다는 취지의 불기소처분과는 궤를 완전히 달리하는 것입니다).

즉, 법령 위반의 징계사유가 존재한다는 것 자체는 위와 같은 기소유예처분의 존재로서 이미 입증되었다고 하겠습니다. 징계하는 것에 아무런 위법·부당의 소지가 없습니다.

법령 위반의 징계사유는 기소유예처분으로 이미 입증되었다.

25개의 질문으로 살펴보는 성희롱·성폭력 사안 업무처리 실무 가이드

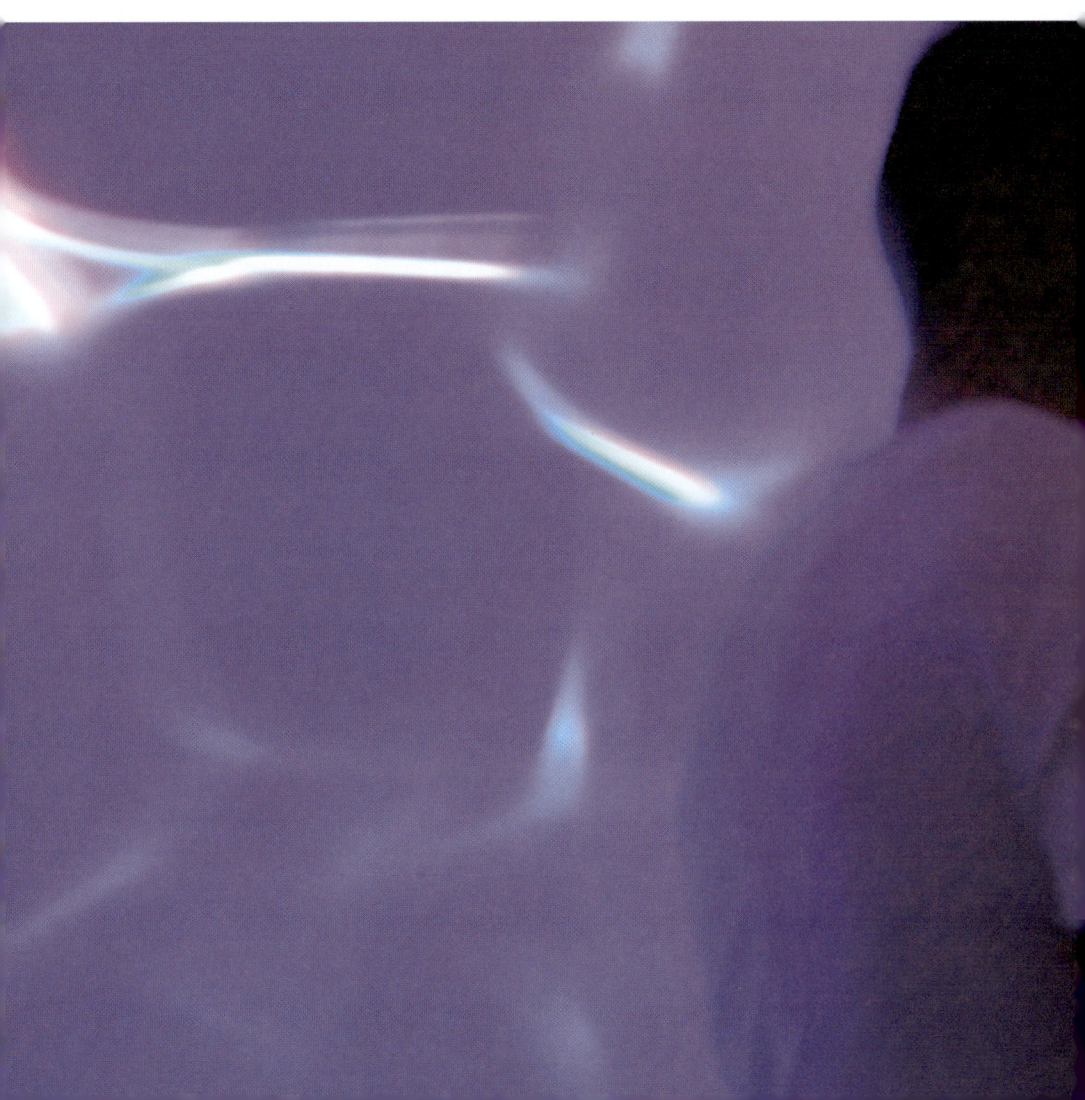

질문과 검토의견 08

저희 기관은 법률상의 공공기관에 해당하는 대학교입니다. 저희 대학의 인권보호 관련 규정은 '성희롱·성폭력, 직장 내 괴롭힘, 그 밖의 인권침해, 차별을 가하거나 불편 또는 부담을 주는 행위 일체'를 '인권침해 등'으로 포괄하여 지칭하고 있는데, 얼마 전 어느 신고인이 가해자가 신고인의 주거지에 침입을 하려고 했었다는 사실관계에 대하여 이를 성희롱·성폭력 사안으로 처리해 달라며 신고를 하였습니다. 주거침입 행위가 성희롱·성폭력 가해행위의 범주에 해당될 수 있는 건가요?

　주거침입 행위 그 자체만으로는 성희롱 또는 성폭력에 해당한다고 보기는 어렵습니다. 그러나 「대한민국헌법」 제16조는 '모든 국민은 주거의 자유를 침해받지 아니한다', 제17조는 '모든 국민은 사생활의 비밀과 자유를 침해받지 아니한다'라는 규정을 두고 있으며, 「형법」 제319조 제1항은 '사람의 주거, 관리하는 건조물, 선박이나 항공기 또는 점유하는 방실에 침입한 자는 3년 이하의 징역 또는 500만 원 이하의 벌금에 처한다'라고 정해두고 있습니다. 따라서 주거에서의 평온한 생활을 침해받지 아니할 권리는 우리 헌법과 법률에서 명시했듯이 개개인들에게 보장되고 있는 아주 중요한 권리임이 다툼의 여지 없이 분명합니다.

또한 수년 전 이른바 '신림동 강간미수 사건'이라고 불리며 세간에 큰 우려를 불러일으켰던 실제 형사사건의 사례에 비추어 볼 때, 여성이 단독으로 거주하는 집에 남성이 함부로 침입하려고 시도하는 행위가 비록 그 자체로 강간미수 또는 강제추행미수 등의 성폭력범죄에 해당하는 것으로 판단될 수 없더라도(대법원 2020. 6. 25. 선고 2020도4246, 2020보도12(병합) 판결 참조) 적어도 피해자의 입장에서만큼은 그 시도 자체만으로도 이미 성희롱·성폭력의 위험에 그대로 노출되었다고 느꼈을 수 있었던 상황임은 명백하다고 할 것입니다.

특히 위 사건 이후로 주거침입 범죄에 관해서 새로이 마련된 대법원 양형기준(2021. 3. 29. 의결되어 2021. 7. 1. 시행된 것)은 '성적 목적을 위한 경우', '피해자에 대한 스토킹, 보복·원한, 증오감에서 범행을 저지른 경우', '그 밖에 이에 준하는(성적 목적을 위한 것이거나 스토킹 등에 준하는) 경우'에 해당한다면 이를 '비난할 만한 범행 동기'가 있었던 것으로 보아서 특별양형인자의 가중요소로서 고려한다고 분명히 밝히고 있습니다. 따라서 설사 주거침입 그 자체만을 따로 떼어 성희롱·성폭력으로 보기는 어렵다고 하더라도 그 행위가 성희롱·성폭력 위험과도 직결될 수 있다는 것을 우리 법원도 이처럼 공식적으로 인정하고 있습니다.

그 밖에 「성폭력범죄의 처벌 등에 관한 특례법」은 2020. 5. 19. 제15조의2 규정을 신설함으로써 이제는 특정한 성폭력범죄의 예비·음모행위에 관해서도 이를 직접 처벌할 수 있는 근거를 마련한 바 있다는 점까지 아울러 고려할 필요가 있습니다.

귀 기관의 인권보호 관련 규정을 보면 「대한민국헌법」과 법률이 보장하는 인간으로서의 존엄과 가치 및 자유와 권리를 '인권'으로서 정의해 두고 있고, 그와 동시에 성희롱·성폭력, 직장 내 괴롭힘, 그 밖의 인권침해뿐만 아니라 차별을 가하거나 불편 또는 부담을 주는 행위 일체를 '인권침해 등'으로 통칭하면서 위와 같은 '인권침해 등'을 당한 사람이라면 그 사실을 귀 기관 내 인권센터에 신고할 수 있다고 정해두고 있습니다.

그렇다면 위와 같은 관련 규정을 모두 종합하여 볼 때, 신고인이 신고한 주거침입 행위는 비록 그 자체만으로 성희롱·성폭력에 이른다고 보기는 어렵다고 할 것이지만, 「대한민국헌법」과 법률이 보장하는 자유와 권리에 당연히 해당하는 평온한 주거생활을 영위할 권리를 직접 침해한 것이자 성폭력으로 곧장 이어질 가능성 또한 내포하고 있는 인권침해 행위로서 귀 대학교의 관계 규정이 정하고 있는 인권센터의 적법·정당한 조사·심의의 대상에 해당한다고 판단됩니다.

※함께 읽어볼 만한 참고자료

물음 : 접수된 사건이 담당자인 제가 판단하기에 성폭력/젠더폭력 사안이 아니라고 여겨집니다. 이런 경우 어떻게 해야 하나요? 혹시 모를 상황이 있으니 면담을 진행해야 하는지, 그냥 돌려보내야 하는지 모르겠습니다.

답변 : 어려움을 겪는 사람들이 처음으로 찾아오는 접수처의 담당자들 대부분은 사건 신고인이 겪는 어려움이 잘 해결되기를 바랄 것입니다. 그래서 사건 접수 과정에서 자신의 판단을 개입시키기도 하고, 오히려 '이게 피해가 맞나?'라며 헷갈려 하는 경우도 생기는데요.

중요한 것은 신고처/접수처는 사건을 판단하고 해결하는 공간이 아니라 도움을 청하기 위해 찾아온 구성원에게 조직이 갖고 있는 다양한 문제 해결 처리 절차에 대해 안내하고, 사건을 접수하는 역할을 하는 공간이라는 것입니다. 위의 질문처럼 접수된 사건이 성폭력·젠더폭력인가의 여부를 판단하는 것은 접수처의 역할이 아닙니다.

사건이 접수되었을 때 신고처/접수처 담당자는 조직의 내규에 규정되어 있는 성폭력, 젠더폭력이 무엇인지에 대해 안내하고, 어떤 절차를 거쳐 조사와 판단, 징계의 과정이 이뤄지는지 전체적인 내용을 안내해야 합니다. 이 과정에서 신고인이 받을 수 있는 보호조치에는 무엇이 있는지, 예상되는 어려움은 어떤 것들이 있는지에 대해서도 확인하고 안내하는 것이 중요합니다. 이러한 안내 과정을 통해 신고인이 스스로 이후 사건을 어떤 절차로 해결할지를 판단할 수 있도록 돕는 역할을 해야 합니다.

[서울여성회 편(서울특별시 성평등기금 후원),
『젠더폭력 개입자 실전 가이드북 : 젠더폭력 문제를 해결하고자 하는 우리를 위한 안내서』, 제29면에서 전문(全文) 인용]

질문과 검토의견 09

어느 여성 직원이 상급자 남성으로부터 "지난주에 내가 낚시에 다녀왔는데 그때 30살 정도 나이 차이가 나는 부부를 봤다. 근데 (그렇게 나이 차이가 나는데도) 별로 나빠 보이지 않더라"라는 말을 들었다는 내용을 포함하여 성희롱 피해 신고를 하였습니다. 그런데 다른 부분은 제외하고서라도 위와 같은 발언까지도 성희롱으로 볼 수 있는 건가요?

 대법원과 각급 법원이 확고하게 유지하고 있는 법리에 따르면 성희롱의 성립요건에 해당하는 성적 언동이라고 함은 남녀 간의 육체적 관계나 남성 또는 여성의 신체적 특징과 관련된 육체적, 언어적, 시각적 행위로서 사회공동체의 건전한 상식과 관행에 비추어 볼 때, 객관적으로 상대방과 같은 처지에 있는 일반적이고도 평균적인 사람으로 하여금 성적 굴욕감이나 혐오감을 느끼게 할 수 있는 행위를 의미합니다.

 그리고 우리 법에 따른 성희롱은 위와 같은 성적 언동 또는 성적 요구 등으로 상대방에게 성적 굴욕감이나 혐오감을 느끼게 하는 행위, 성적 언동이나 요구 등에 상대방이 따르지 않는다는 이유로 불이익을 주거나 그에 따르는 것을 조건으로 하여 이익 공여의 의사표시를 하는 행위를 하는 것을 가리킨다고 하겠습니다.

법원과 국가인권위원회에서 성희롱으로 인정해 온 실제 사례들을 보면 반드시 '남녀 간의 육체적 관계 혹은 남성 또는 여성의 신체적 특징'에 직접 관련된 것만을 성희롱으로 판단하고 있는 것은 아닙니다. 특히 국가인권위원회의 경우에는 성적 교섭행위 등을 직접 거론하거나 이를 암시하는 것은 아니라고 하더라도, 이를테면 통상적인 관계에서라면 그러한 언동이 있을 것으로는 예상되지 아니함에도 불구하고 사적인 관계에서나 있을 법한 내밀한 사항의 제안 또는 발언 등을 한 사실이 있을 때, 그 행위자는 그 언동의 상대방을 업무·고용 관계에서의 동등한 인격적 주체가 아니라 성적 대상으로 보았던 것으로 평가함으로써 성희롱의 범주에서 적극적으로 규율하고 있습니다. 즉, '남녀 간의 육체적 관계 혹은 남성 또는 여성의 신체적 특징'과 직접적으로 관련된 것보다는 더욱 넓은 범위에서 성희롱 행위사실이 인정되고 있다고 하겠습니다.

그러나 다른 한편으로, 법원과 국가인권위원회 모두 특정한 언동이 성희롱에 해당하려면 그 언동이 기본적으로는 '성적 함의'를 담고 있는 것으로서 인정되어야 한다는 점에 있어서는 견해 차이를 보이지 않습니다.

귀 기관이 문의하신 사안으로 돌아와 보건대, "지난주에 내가 낚시에 다녀왔는데 그때 30살 정도 나이 차이가 나는 부부를 봤다. 근데 (그렇게 나이 차이가 나는데도) 별로 나빠 보이지 않더라"라는 발언에 더하여 행위자가 "그렇다면 나하고 너는 어떨 것 같아?(우리도 연애를 해도 괜찮지 않겠어?)"라거나 농담조로라도 "너는 나 같은 사람은 연인이나 결혼 상대로 어떻게 생각해?"라고 하는 등의 사실관계가 더 있었다면 그 일련의 발언을 종합하여 다르게 볼 여지가 있을 수도 있겠으나 다른 부가적인 사실관계 없이 위 발언만 있었던 경우라면 이를 '성적 함의'

를 담고 있는 부적절한 언동으로서 평가하기는 어렵다고 생각됩니다.

물론, 대화 상대자인 하급 직원의 입장에서는 그러한 이야기를 듣는다는 것 자체가 싫었을 수도 있었을 것이고('도대체 왜 나한테 저런 쓸데없는 허튼소리를 지껄이고 있는 거지?'), 따라서 주관적인 불쾌감을 느꼈을 가능성은 얼마든지 인정될 수 있으리라고 생각됩니다. 다만 단지 '싫었다' 또는 '짜증스러웠다'라는 감정을 유발하였다는 것만으로 문제가 된 발언이 곧바로 성희롱으로 평가될 수 있는 것은 아니라고 하겠습니다. (이 세상에 존재하는 불쾌한 모든 언동이 성희롱인 것은 아니지요. 다른 관점과 기준에서 부적절한 것으로 평가될 만한 행위사실이라면 그 '다른' 기준에 의거해서 규제되어야 할 것입니다.)

요컨대, 문의하신 경우에는 합리적 제3자의 관점에서 볼 때 이를 성적 함의를 담고 있는 언동에 해당한다고 보기는 어려우므로, 신고인의 주관적 불쾌감에도 불구하고 이를 성희롱으로 판단하는 것은 지나친 면이 있다고 판단됩니다.

법에 따른 성희롱은
성적 언동 또는 성적 요구 등으로
상대방에게 성적 굴욕감이나
혐오감을 느끼게 하는 행위, 성적
언동이나 요구 등에 상대방이 따르지
않는다는 이유로 불이익을 주거나
그에 따르는 것을 조건으로 하여
이익 공여의 의사표시를 하는 행위를
하는 것

질문과 검토의견 10

피징계혐의자가 불법촬영(성폭력처벌법 소정의 카메라등이용촬영죄) 혐의로 검사로부터 기소유예처분을 받았으나, 수사를 통해서도 그 피해자가 누구인지까지는 밝혀지지 않았다고 합니다. 이처럼 실제 피해자가 확인되지는 않은 상황이 위 피징계혐의자의 징계 여부나 징계양정 판단에 있어서 피징계혐의자에게 유리한 방향으로 고려되어야 할까요?

문의하신 사안의 경우, 기초적인 전제사실은 피해자가 존재하지 않는다는 것이 아니라, 피해자가 명백히 실재한다는 사실은 밝혀졌으나 다만 그 피해자가 누구인지 신상정보가 확인되지 않는다는 것일 뿐입니다 (피해자가 아닌 제3자의 신고에 기해서 수사가 이루어졌기 때문에 피해자 스스로 그러한 피해를 입었다는 사실을 인지하지 못하고 있다는 것입니다).

징계는 기관 내의 질서나 규율의 확립을 위하여 행하는 제재라는 점을 먼저 기억할 필요가 있습니다. 그러한 이유에서 피해자가 그 피해사실을 인지하였느냐 그렇지 않았느냐는 일차적인 고려 대상이 되지 않습니다. 여기서 중요한 것은 피징계혐의자가 피해자의 의사에 반하여 그 신체를 촬영한 사실이 있느냐 혹은 아니냐는 점에 있는 것이지(즉, 행위자가 스스로의 의사에 따라서 문제가 될 만한 그 행위로 나아간 사실이 인정될 수 있느냐 아니냐는 점이 중요한 것이지), 피해자가 촬영 사실을 인지했느냐 또는 인지하지 못했느냐는 점이 아닙니다.

기관 내의 징계절차에서 판단된 사건이 아니라 일반 형사재판에서 다루어진 사건이었습니다만, 참고삼아 한 가지 사례를 들어 비교해 보겠습니다. 서로 다른 피해자가 총 70여 명에 이른다는 사실이 적발되었으나, 개개 피해자의 구체적인 인적사항은 그 70여 명 전원이 아닌 그중 일부 피해자에 한해서만 특정이 가능했었던 사건이 있었습니다(제가 그중 일부 피해자의 피해자변호사로서 변론했었던 사건의 실제 사례입니다).

당해 사건의 담당 재판부는 70여 명 피해자 전원의 인적사항이 하나하나 구체적으로 확인되지 못했다는 점을 피고인의 양형판단에 있어서 피고인에게 유리하게 참작하지는 않았습니다.

본 건으로 돌아와 상식과 경험칙에 비추어 추측해 보건대, 이 사건 피해자들은 만일 피징계혐의자가 피해자들의 신체를 촬영하고 있었다는 사실을 알게 되었다면 그에 관해서 양해를 해주었을 리는 만무했으리라고 생각됩니다.

이와 같은 점들을 참조해 볼 때, 설령 피해자의 인적사항이 특정되지는 않는다고 하더라도 위와 같은 사정을 피징계혐의자의 징계 여부 또는 그 양정판단에 있어서 위 피징계혐의자에게 유리한 방향으로 고려하여 줄 이유는 없다고 하겠습니다.

질문과 검토의견 11

성희롱 피해 신고가 접수되었습니다. 신고인인 남성의 전신(全身)이 신고인으로부터의 동의 없이 다른 남성(피신고인)으로부터 촬영된 바 있었다는 내용인데, 위 신고인의 특정한 신체 부위를 확대하여 촬영한 것은 아니고, 옷을 벗고 있는 모습을 찍은 것도 아니었습니다. 하지만 신고인은 위와 같은 사진촬영 사실로 인하여 성적 굴욕감을 느꼈음을 주장하고 있는 상태입니다. 위와 같은 사실관계도 성희롱 피해로 볼 수 있는 것인가요?

「성폭력범죄의 처벌 등에 관한 특례법」 제14조는 아래와 같이 정해 두고 있습니다.

제14조(카메라 등을 이용한 촬영) ① 카메라나 그 밖에 이와 유사한 기능을 갖춘 기계장치를 이용하여 성적 욕망 또는 수치심을 유발할 수 있는 사람의 신체를 촬영대상자의 의사에 반하여 촬영한 자는 7년 이하의 징역 또는 5천만원 이하의 벌금에 처한다. <개정 2018. 12. 18., 2020. 5. 19.>

② 제1항에 따른 촬영물 또는 복제물(복제물의 복제물을 포함한다. 이하 이

조에서 같다)을 반포·판매·임대·제공 또는 공공연하게 전시·상영(이하 "반포등"이라 한다)한 자 또는 제1항의 촬영이 촬영 당시에는 촬영대상자의 의사에 반하지 아니한 경우(자신의 신체를 직접 촬영한 경우를 포함한다)에도 사후에 그 촬영물 또는 복제물을 촬영대상자의 의사에 반하여 반포 등을 한 자는 7년 이하의 징역 또는 5천만원 이하의 벌금에 처한다. <개정 2018. 12. 18., 2020. 5. 19.>
③ 영리를 목적으로 촬영대상자의 의사에 반하여 「정보통신망 이용촉진 및 정보보호 등에 관한 법률」 제2조제1항제1호의 정보통신망(이하 "정보통신망"이라 한다)을 이용하여 제2항의 죄를 범한 자는 3년 이상의 유기징역에 처한다. <개정 2018. 12. 18., 2020. 5. 19.>
④ 제1항 또는 제2항의 촬영물 또는 복제물을 소지·구입·저장 또는 시청한 자는 3년 이하의 징역 또는 3천만원 이하의 벌금에 처한다. <신설 2020. 5. 19.>
⑤ 상습으로 제1항부터 제3항까지의 죄를 범한 때에는 그 죄에 정한 형의 2분의 1까지 가중한다. <신설 2020. 5. 19.>

즉, 현행법 문언에 따를 때 사람의 신체에 대한 촬영행위가 성폭력 범죄에 해당할 수 있는가 또는 그렇지 않은가의 여부는 촬영된 사람의 신체(부위)가 '성적 욕망 또는 수치심을 유발'할 수 있다고 볼 수 있느냐 또는 아니냐에 달려 있다고 하겠습니다.

문의하신 사건에서 문제 되는 사진은 의복을 착용하고 있는(상·하의 모두 착용하고 있는 상태) 남성이 휴대전화를 들여다보면서 앉아있는 모습 이외에 다른 모습은 확인되고 있지 않은 것으로 보입니다.

남성의 신체를 촬영하는 행위가, 오로지 그 피사체가 여성이 아닌 남성이라는 이유에서 「성폭력처벌법」 소정의 카메라등이용촬영죄를 구성할 수 없는 것은 아닙니다. 그러나 합리적 제3자의 관점에서 객관적으로 보았을 때 이 사건의 사진에 촬영된 신체의 부위나 촬영된 형태나 형상, 그 밖에 모든 사정을 종합적으로 고려하더라도 성적 욕망 또는 수치심을 유발할 수 있을 만한 사람의 신체를 촬영한 경우에 이른다고 보기는 어렵다고 생각됩니다.

보충적으로 성희롱 해당 여부에 관해서도 검토해 보도록 하겠습니다. 국가인권위원회의 결정례 가운데는 비록 「성폭력처벌법」 소정의 카메라등이용촬영죄에까지 이르지는 않더라도 촬영 대상자인 여성으로부터 동의를 얻지 않은 상태에서 그 용도를 알리지도 아니하고 당해 여성의 전신을 촬영한 경우에 이를 성희롱에 해당하는 것으로 판단한 예가 있습니다.

참고 결정례 : 국가인권위원회 2014. 5. 22.자 13진정0817000 결정(『국가인권위원회 성희롱 시정권고 사례집 제7집』, 제57 내지 66면 참조.)

1. 진정요지 (일부 발췌)
○○도립대학교 유아교육과 교수인 피진정인은 (…) 진정인 1 및 진정인 2에 대하여 자주 신체접촉과 연구실 호출을 하였으며, 그 용도를 알 수 없이 수업 중 발표하는 진정인들의 모습을 개인 카메라로 과도하게 촬영하고 진정인들의 개인사진을 제출하도록 하는 등 일상적으로 반복적인 성희롱을 하였다.

2. ~ 3. (생략)

4. 인정사실 (일부 발췌)

다. 또한, 피진정인은 위 수업시간에 진정인들의 동의를 받지 않고 어떤 용도로 쓸 것인지 설명도 하지 않은 채 피진정인 소유의 핸드폰이나 카메라로 진정인들의 모습을 촬영하였으며, 진정인들 개인의 모습이 담긴 사진을 제출하도록 하였는데, 이러한 행위 역시 구체적인 날짜를 특정할 수 없을 정도로 다수의 진정인들에 대하여 반복적으로 이루어졌다.

5. 판단 (일부 발췌)
나. 성적 굴욕감이나 혐오감을 주는 성적 언동에 해당하는지 여부
위 인정사실에서 보는 바와 같이, (…) 수업 중 진정인들의 동의를 받지 않고 그 용도도 설명하지 않은 채 빈번하게 진정인들의 모습을 촬영하고 개인사진을 제출하도록 한 부분은, 교수가 자신의 직위를 이용하여 수업시간 및 학내에서 교수의 지시나 제안을 거절하기 힘든 위치에 있는 학생들에게 반복적인 성적 언동을 한 것으로서 합리적인 여성의 관점에서 성적 굴욕감이나 혐오감을 불러일으키기에 충분한 성희롱에 해당된다 할 것이다.

위와 같은 국가인권위원회의 결정 선례에 비추어 본다면 이 사건의 경우에도 촬영 대상자로부터 동의를 구하지는 않았던 것이고, 용도를 알리지도 아니하고 신고인의 모습을 촬영한 것이어서 성희롱에 해당할 수는 있는 것이 아닌가 하는 의문이 생길 수 있습니다.
그러나 위 결정례는 주의해서 읽어야 할 필요가 있습니다. 동의 없는 신체 전신 촬영행위가 그 자체로 성별에 무관한 합리적인 '인간'의 관점에서 성적 굴욕감이나 혐오감을 불러일으키기에 충분하다고 판단한 것이 아니라, '합리적인 여성'의 관점에서 성적 굴욕감이나 혐오감을 불러일으키기에 넉넉한 행위라고 판단한 것이라는 점입니다. 그렇기 때문에

그 촬영 대상자가 여성이 아닌 남성인 경우에 대하여서까지도 위 결정의 논리를 일반적으로 언제나 확대 적용할 수 있다고 보기는 어렵습니다.

또한 성희롱은 '성적 함의'를 담고 있는 말이나 행동의 존재를 기본 전제로 하는 것인데, 위에서 밝혀두었듯이 이 사건에서 사진에 담겨 있는 신체 모습에 성적 함의가 담겨있다거나 간접적으로라도 그 존재를 추단해 볼 만한 여지는 확인되지 않는다고 생각됩니다. 그렇기에 신고인 입장에서 주관적으로 그 촬영사실 및 촬영된 모습 등에 대하여 불쾌감을 느꼈던 것 자체는 설령 사실이라 해도, 비슷한 처지에 놓여 있는 합리적 제3자의 시선에서도 신고인과 마찬가지의 성적 굴욕감 또는 모욕감 등을 느꼈을 것으로 판단되지 않습니다. 그러한 까닭에서 문의하신 사안은 성희롱·성폭력에는 해당할 수 없다는 의견입니다.

누군가가 성희롱 피해를 주장하고 있다고 해서 반드시 성희롱 피해가 있었음을 항상 인정해 주어야만 하는 것은 아니라는 점을 기억하실 필요가 있겠습니다.

질문과 검토의견 12

피징계혐의자(피신고인)는 본인에게 성욕을 자극·흥분·만족시키려는 동기나 목적이 전혀 없었다는 점, 문제 되는 행위 당시에 피해자가 불편하다는 기색을 보이지도 않았다는 점 등을 근거로 들면서 성희롱 사실이 없었다며 적극적으로 다투고 있습니다. 이런 경우에는 어떻게 판단해야 할까요?

결론부터 미리 말씀드리자면, 성희롱·성폭력 해당 여부를 판단할 때 문제 되는 행위자에게 성욕을 자극·흥분·만족시키려는 동기나 목적, 또는 그러한 의사가 있었느냐 또는 없었느냐 하는 점은 성희롱 등 비위사실의 유무, 그 비위의 경중을 판단함에 있어서 일차적으로 다루어질 만한 쟁점이 되지 못한다고 하겠습니다.

대법원과 각급 법원, 그리고 국가인권위원회는 성희롱의 성립에 있어서 그 성희롱 행위자에게 성적 동기나 의도가 있어야 하는 것은 아니라는 법리를 확고부동하게 유지하고 있습니다. 이와 같은 법리가 향후 변경될 것으로도 생각되지 않습니다.

비단 성희롱뿐만 아니라 성폭력범죄에 해당하는 강제추행죄의 성립에 관해서도 대법원은 "강제추행죄의 성립에 필요한 주관적 구성요건으로 성욕을 자극·흥분·만족시키려는 주관적 동기나 목적이 있어야 하는 것은 아니다"라고 하는 법리를 일찍부터 확립해 둔 바도 있습니다. (대법원 2006. 1. 13. 선고 2005도6791 판결, 대법원 2013. 9. 26. 선고 2013도5856 판결 등 참조)

특히, 대법원은 문제 되는 행위의 양태(행위태양)가 객관적으로 추행 행위에 해당할 수 있다는 점이 일단 인정될 수 있다면, 심지어 행위자가 당해 행위에 이르게 된 경위에 유리하게 참작하여 줄 만한 사정이 전혀 없는 것만은 아니라 하더라도 그에 대해서 얼마든지 추행죄에 따른 책임을 물을 수 있다는 입장을 견지하고 있기도 합니다. (대법원 2006. 1. 13. 선고 2005도6791 판결 등 참조)

그러므로 피징계혐의자(피신고인)에게 성적인 의도가 있었든지 없었든지 이를 막론하고 합리적 제3자의 시선에서 객관적으로 볼 때 성희롱 내지는 추행 등으로 인정될 수 있을 만한 행위사실 그 자체만 분명히 확인된다면, 이때 위 행위자에게 그에 따른 책임을 지우는 것은 하등 위법·부당할 까닭이 없다고 하겠습니다.

그 밖에도 피징계혐의자(피신고인)는 이 사건에서 문제 되는 언동이 있었다고 하는 시점에 그 행위 상대방(피해자)이 직접 불쾌감을 표시하였다거나 행위자의 면전에서 싫은 내색을 했던 것도 아니라는 점을 들면서 피해진술에 일부 과장 또는 허위사실이 포함되어 있을 가능성이 있다는 주장도 펼치고 있는데, 이러한 사정 또한 성희롱·성폭력 피해사실의 존부를 판단함에 있어서 중요하게 다루어져야 할 만한 요소가 되지는 않습니다.

무엇보다 성희롱 성립을 인정함에 있어서는 피해자의 명시적 반응만을 고려하여야 하는 것이 아니라 피해자의 추정적 반응 또한 고려하여야 한다는 것이 확립된 법리입니다. 비록 그 자리에서 직접적·명시적으로 거부의사 내지 불쾌감의 표현을 한 바는 없었다고 하더라도 합리적인 피해자의 관점에서 성적 굴욕감이나 혐오감을 줄 수 있었을 만한 행위사실 그 자체가 인정될 수 있는 한, 성희롱의 성립 인정에는 아무런 장애가 되지 않을 것입니다.

그리고 국가인권위원회는 이미 지난 2018년 "피진정인은 우월적 지위를 이용해 지속적으로 진정인(피해자)에게 성희롱을 해왔다. 위계와 서열을 중요시하는 대한민국 언론 특성상, 언론사 내 선배의 성희롱에 단호하게 거부의사를 밝히기란 사실상 불가능하다. 단호한 거부의사를 밝혔을 시 업무상 불이익으로 직결되기 때문이다. 피진정인은 진정인의 인사권은 물론 기사 소재 선정부터 기사 전문 수정 권한까지 갖고 있는 위치에 있다. 진정인은 2년차 기자에 불과하고 피진정인은 10년차 대선배이다. 따라서 피진정인의 모든 명령 등에 즉각 따를 수밖에 없는 입장이었다"라고 하는 진정인(피해자)의 피해주장에 관해 "(당해 사건의) 조사과정에서 확인된 피진정인과 진정인의 카카오톡 문자메시지 대화 내용을 살펴보면, 피진정인의 성적 언동이 포함된 문자메시지에 진정인이 적극적으로 동참했다기보다는 단순한 호응이나 분위기를 맞추기 위한 응대 수준의 답변을 한 것으로 보인다. 또한 그 외 술자리 등에서 이뤄졌다는 피진정인의 성적 언동에 대해서도 피진정인 스스로 인정하고 있는 것과 같이 그 부적절성은 재론할 필요가 없을 것이며, 그에 대한 진정인의 반응이 적극적이었는지 여부에 대해서는 다툼이 있으나, 인정사실 아.항과 같이 진정인이 오랜 기간 피진정인의 성적 언동으로 인해 고통스러워했다는 진정인 지인들의 진술과, 201x. x. x.부터 최근에 이르기까지 정신건강의학과에서 방문치료를 받고 있다는 진단 결과를 종합해보면, 오히려 진정인이 직장에서는 외면적으로 불쾌감을 표시하지 못하고 그에 호응해야 하면서도, 내면으로는 성적 수치심을 감내해야 했던 이중적인 고통의 상태에 있었을 것으로 짐작된다."라고 판단을 내린 바가 있었습니다. (국가인권위원회 2018. 3. 5.자 17진정1045500 결정 참조)

그 밖에도 문제 되는 언동이 피해자를 걱정하는 마음에서 한 이야기라거나 피해자와 행위자가 평소 가깝게 지내던 관계였기 때문에 스스럼없이 한 이야기 또는 매우 친한 사이에서 서로 격의 없이 주고받았던 대화에 불과한 것이라는 등의 행위자 측 항변이 있었다고 할지라도, 단지 이것만으로 그 피해주장에 과장이 섞여 있다고 의심해 보아야 한다거나 또는 성희롱의 성립 그 자체를 부인하여야 하는 것도 결코 아닙니다. 이는 국가인권위원회 2018. 1. 18.자 16진정0562900 결정, 국가인권위원회 2018. 3. 5.자 17진정1045500 결정 등 다수의 결정례가 보여주고 있는 바와 같습니다.

따라서 증거에 따라 인정되는 사실관계에 터 잡아 볼 때 합리적 제3자의 객관적 입장에서도 성적 굴욕감 내지 모욕감을 유발할 수 있을 만한 성적 언동이 있었다는 사실이 넉넉히 인정될 수 있는 것이라면, 피해자들이 피해 발생 시점에 직접적 또는 간접적인 거부 의사 내지 불쾌감의 표현을 한 바는 없었고 설령 백 보를 양보하여 실제로도 행위자에게 성욕을 자극·흥분·만족시키려는 주관적인 성적 목적이나 동기, 의사까지는 없었던 것이 사실이라고 하더라도 여기서 성희롱의 성립이 부인되어야 할 까닭은 어디에도 없다고 정리해 볼 수 있겠습니다.

질문과 검토의견 13

성희롱이 성립하려면 업무와 관련된 성적 언동이어야 하는 것으로 알고 있습니다. 업무관련성 요건을 어떻게 해석해야 할까요? 이를테면 피신고인(피징계혐의자)이 기관 소속 구성원의 한 사람으로서 출장을 갔던 것은 맞지만, 엄밀히는 본인이 그 당시에 직접 담당하고 있던 업무와 관련하여 출장을 갔던 것은 아니고 종전에 그가 기관 내에서 수행했었던 업무와 관련하여 출장을 간 자리에서 사건이 있었다는 것인데, 이런 경우에도 업무관련성이 인정될 수 있을까요?

성희롱 성립요건으로서의 업무관련성 요건은 매우 폭넓게 인정되고 있다고 하겠습니다. 법에서 말하는 '지위를 이용하거나 업무 등과 관련하여'라는 요건은 '포괄적인 업무관련성'을 의미하는 것입니다. 이를테면 법원은 업무수행의 기회나 업무수행에 편승하여 성적 언동이 이루어진 경우뿐만 아니라 권한을 남용하거나 업무수행을 '빙자'하여 성적 언동을 한 경우도 위 요건을 충족하는 것으로 해석하고 있습니다. (대법원 2006. 12. 21. 선고 2005두13414 판결 등 참조)

그러므로 귀 기관에서 문의하신 바와 같이 기관 소속 구성원의 한 사람으로서 출장을 간 것은 객관적으로 분명한 사실이지만, 단지 그 출장이 있었던 바로 그 시점에 피신고인이 계속 담당하고 있던 업무와 관련하여 출장을 갔던 것이 아닐 뿐이라면 이를 사유로 업무관련성이 부존재한다고 판단될 수는 없다고 할 것입니다.

업무관련성 요건에 대하여 매우 폭넓은 범위에서 인정하고 있다는 실례로서 아래와 같은 국가인권위원회의 결정례와 법원 판례를 소개합니다. 국가인권위원회 06진차425 결정과 국가인권위원회 08진차974 결정입니다. 그 이하에 소개하는 법원 판례는 서울행정법원 2002구합36737 판결입니다. 비교적 오래된 결정례와 판례임에도 업무관련성을 대단히 넓은 범위에서 매우 포괄적으로 인정하고 있음을 잘 보여주는 사례입니다.

참고 결정례 : 국가인권위원회 2006. 12. 22.자 06진차425 결정
[국가인권위원회 편, 『국가인권위원회 결정례집 : 성희롱』(제1집), 2007, 제72면 내지 제77면 참조.]

▷ 진정요지

진정인은 2006. 7. 14. 진정인이 상임위원으로 근무하는 ○○연구소의 고문인 피진정인의 자택에서 피진정인으로부터 "옆에서 자고 가라", "나는 온기가 필요하다", "별일 없다. 그것도 못하냐?"라는 말을 들었으며, 진정인이 현관으로 나가려하자 피진정인이 진정인의 손목을 잡고 강제로 거실로 끌고 와서 계속 자고 가라고 강요하는 등의 행위를 하여 성적 모욕감과 수치심을 느꼈다.

▷ **국가인권위원회의 판단 - 업무관련성이 있는지 여부**

진정인과 피진정인이 진정인의 근무시간 외에 만나게 된 경우에 대하여 진정인은 피진정인이 "줄 것이 있으니 집 근처에 오라"고 했다고 하고 피진정인은 진정인이 먼저 피진정인이 있는 곳으로 오겠다고 한 것이라고 주장하여, 양 당사자의 주장이 다르고 참고인 이○○도 당시 통화내용을 정확히 기억하지 못하고 있다고 진술하여, 그 구체적인 경위를 밝히기는 어려우나, 이 사건 이전에도 진정인과 피진정인이 연구위원과 고문의 관계에서 진정인이 후원금을 받으러 직장 외의 장소에서 피진정인이 원하는 시간에 만나왔다는 점, 사건 당일 진정인은 선약이 있었지만 피진정인의 연락을 받고 모임 약속을 포기하고 나간 점, 고문이 만나자고 하면 연구위원은 선배와 원로에 대한 예우로 그 이유를 묻지 않고 만나는 것이 조직 문화라고 하는 진정인과 참고인 장○○의 진술이 있는 점에 비추어 볼 때 사건 당일의 만남은 단순히 사적인 성격의 만남이 아니라 진정인이 종사하고 있는 업무와 관련성이 있다고 판단된다.

참고 결정례 : 국가인권위원회 2008. 12. 8.자 08진차974 결정
[국가인권위원회 편, 국가인권위원회 성희롱 시정 권고 사례집(제2집), 2009, 제159면 내지 제169면 참조.]

▷ **진정요지**

2007. 7.경 ○○지점 회식이 끝난 후 피진정인 1과 주임 이○○이 여직원들을 집에 바래다준다고 하여 함께 차에 타고 가게 되었는데, 그 도중에 위 이○○이 진정인에게 2차에 같이 가자고 제안하였고 진정인이 거절하자 이○○은 "그럼 테이블을 따로 잡고 맥주나 마시자."라고 다시 제안하였다. 그

러자 당시 운전을 하며 듣고 있던 피진정인 1은 "그럼 룸을 잡아 줄 테니 둘이 벗고 뒹굴고 비비면서 놀아라."라고 말하였다.

2007. 8.경 정기인사에서 진정인은 ○○지점으로 발령을 받아 피진정인 1과 같은 지점에서 근무하지 않도록 조치되었다. 그러던 중 같은 해 11.경 ○○지점에서 근무하던 주임 정○○이 ○○지점으로 발령받아 2008. 1.경 ○○지점 근처에 방을 얻으려 하자, 피진정인 1은 이를 두고 "(진정인과 정○○이) 같이 살려고 방까지 구하는구나. 아주 같이 살겠네."라고 말하였고, 같은 해 8. 8. 출근길에는 "(진정인과 정○○이) 같이 사는 것 아니냐."는 발언을 하였다.

▷ **국가인권위원회의 판단 - 업무 등 관련성 여부**

진정의 원인이 된 행위 발생 당시 진정인과 피진정인 1은 ○○은행 ○○지점 및 ○○지점의 사원 및 대리로 근무하고 있었던바 양 당사자는 업무 상 관계에 있었음이 인정된다. 다음으로 피진정인 1의 성적 발언은 공식적 회식 직후의 귀가길 및 출근길 즉 통근 중에 발생하였는데, 근로자의 통근행위는 노무의 제공이라는 의미에서 업무와 밀접한 관계에 있다고 할 수 있고, 통근 중 발생한 재해가 「공무원연금법」상의 공무상 재해로 인정되고 있는 것(대법원 1993. 10. 8. 선고 93다16161 판결)에서 알 수 있듯이 통근 과정의 업무 관련성은 어렵지 않게 인정된다 할 것이다.

참고 판례 : 서울행정법원 2003. 8. 12. 선고 2002구합36737 판결

▷ **인정되는 사실**

(가) 원고 1은 원고 회사의 직원들과 연봉제 임금의 결정 등의 문제를 협의하는 방법의 일환으로 업무시간 이후에 저녁식사를 겸한 개별면담을 시행

하여 왔는데, 그가 평소 술을 좋아하는 관계로 그와 같은 개별면담은 저녁 식사에 그치지 않고 술자리로까지 연장되는 경우가 많았다.

(나) 한편, 원고 1은 수습사원에 대하여는 정식직원이 되기까지 위와 같은 개별면담을 시행하지 않고 있었으나, 그 당시 원고 회사의 직원인 박○○ 등이 자신의 경영방침에 반대하면서 사표를 내는 등 원고 회사의 분위기가 냉각되자, 그와 같은 원고 회사의 분위기를 파악하고 수습기자인 피해자의 업무를 점검할 목적으로, 2002. 3. 28. 18:00경 피해자에게 위와 같은 개별면담을 시행할 것을 통보하였다.

(다) 이에 따라 원고 1과 피해자는 2002. 3. 28. 19:30경 피해자의 제의에 따라 서울 합정동에 있는 곱창집으로 간 다음 그곳에서 저녁식사를 하면서 소주 2병을 나누어 마셨고, 그 후 같은 날 22:00경 위 곱창집을 나온 후 원고 1이 장소를 옮기자고 제의하여 피해자의 선택에 따라 그 근처에 있던 복집으로 가서 안주와 더불어 소주 1병을 나누어 마시게 되었는데, 곱창집에서는 두 사람이 비슷한 양의 소주를 마셨으나, 복집에서는 원고 1이 대부분의 소주를 마셨다. 그런데 위 곱창집과 복집에서 나눈 대화의 주된 내용은 피해자의 업무와 관련된 이야기와 박○○ 등과 관련된 원고 회사의 분위기에 관한 이야기였고, 피해자는 평소 박○○에 대하여 선배기자로서 호감을 가지고 있었던 관계로 원고 1에게 박○○과의 화해를 권유하였으며, 원고 1은 그와 같은 피해자의 의견을 고려해 보겠다는 취지의 답변을 하였다.

(라) 위와 같은 음주로 인하여 원고 1과 피해자는 2002. 3. 29. 00:15경 위 곱창집을 나올 당시 만취상태는 아니었지만 상당히 취한 상태이었는데도 불구하고, 원고 1은 피해자에게 다시 자리를 옮기자고 제의하였고, 피해자는 원고 1의 제의를 거절하지 않고 근처에 있던 호프집으로 이동하게 되었다. 그런데 그와 같은 이동과정에서 원고 1은 피해자의 손을 잡았고, 이에 피해자는 어색함의 표현으로 원고 1에게 "제가 딸 같습니까"라고 말하면서

자신의 손을 뺐으며, 그와 같은 상황은 한 차례 더 반복되었다.

(마) 그 후 원고 1과 피해자는 2002. 3. 29. 00:30경 호프집에 도착하였는데, 피해자가 먼저 호프집의 창가 옆에 있던 탁자에 앉았고, 원고 1은 피해자의 바로 옆자리에 나란히 앉은 다음 맥주 2,000cc를 주문하여 혼자 맥주잔으로 2~3잔의 맥주를 마셨으며, 그와 같은 상황에서 두 사람은 원고 회사와 관련된 이야기뿐만 아니라 자신들의 가족과 관련된 이야기도 하게 되었고, 그러던 중 원고 1은 또다시 피해자의 손을 잡았고, 피해자는 이를 모면하기 위하여 화장실을 다녀온 후 원고 1의 맞은편에 마주 보고 앉았는데도, 원고 1이 다시 한번 피해자의 손을 잡으며 "부담스럽냐, 그럼 선을 넘을까"라고 말하자, 이에 더 이상 견디지 못하고 그 자리를 피해 자신의 남자친구인 곽○○에게 전화를 하여 도움을 요청한 다음, 같은 날 01:30경 원고 1에게 먼저 호프집에서 나가겠다고 말한 후 그 자리를 떠났다.

▷ **법원의 판단**

위 인정 사실에 의하면, 원고 1의 피해자에 대한 개인면담은 곱창집, 복집, 호프집을 거치면서 계속되었다고 보여지고(비록 술을 함께 마시면서 사적인 이야기도 나누었다 하더라도 업무상 개인면담을 위하여 이루어진 만남이었고, 호프집에 이르기까지 원고 회사와 관련된 이야기가 계속하여 나누어졌을 뿐만 아니라, 위 인정과 같은 경과에 비추어 만남의 성격이 업무상 개인면담에서 순수한 사적인 만남으로 전환되었다고 보기도 어렵다), 원고 1은 원고 회사의 대표이사로서 수습기자인 피해자와의 개인면담 도중에 피해자의 손을 수차례에 걸쳐 잡는 등의 행위를 하다가 잠자리를 함께 하자는 의미로 해석되는 말을 함으로써 성적 언동을 하였고, 원고 1은 기혼이고 피해자는 미혼인 점, 원고 1은 원고 회사의 대표이사이고 피해자는 원고 회사에 입사한 지 2개월 남짓밖에 되지 않은 수습사원인 점, 원고 1과 피해자가 위 개인면담 이전에 대표이사와 수습사원 사이라는 관계를 떠나서 사적인 교제관계를 유지하여 왔다고 볼 만한 아무런 자료가 없는 점 등과 원고 1이 위와 같은 언동을 할 당시의 위 인정과 같은 상황에 비추어 볼 때 위와 같은 그의 언동은 사회통념상 일상생활에서 허용되는 호의적인 행위이거나 단순한 농담의 수준을 넘는 한편, 피해자가 원하지도 않은 언동이라 할 것이어서, 결국 원고 회사의 대표이사인 원고 1이 업무, 고용 기타 관계에서 그 지위를 이용하거나 업무 등과 관련하여 성적 언동을 하여 피해자로 하여금 성적 굴욕감이나 혐오감을 느끼게 하였다고 할 것이므로, 원고 1의 위와 같은 성적 언동은 남녀차별금지법상의 성희롱에 해당한다 할 것이고, 따라서 이를 전제로 한 피고의 이 사건 처분은 적법하다 할 것이다(원고들은, 피해자가 원고 1을 곤경에 몰아넣기 위하여 의도적으로 성희롱을 유발 또는 과장하였다는 취지의 주장을 하나, 이에 부합하는 듯한 을 3, 6, 7, 8의 각 기재, 증인 서○○의 증언 및 원고 1의 본인신문 결과는 쉽사리 믿기 어렵고, 달리 이를 인정할 증거도 없으므로, 원고들의 위 주장은 이유 없다.)

그날 술이 과해서
하나도 기억이 나지 않는다고 하면서
'모르쇠'로 일관하고 있는 상태입니다.

기억이 나지 않는다며 부인할 때는
피해사실 여부를 확정할 수가
없는 것인가요?

질문과 검토의견 14

신고인은 본인이 입은 피해사실을 상세하게 진술하고 있는데 그와 반대로 피신고인은 그날 술이 과해서 하나도 기억이 나지 않는다고 하면서 '모르쇠'로 일관하고 있는 상태입니다. 이런 경우에도 신고인이 주장하는 대로 피해사실을 인정할 수 있는 것인가요? 아니면 피신고인이 기억이 나지 않는다며 부인할 때는 피해사실 여부를 확정할 수가 없는 것인가요?

술에 취해서 아무것도 기억하지 못하고 있다는 취지의 진술은 피신고인 측에서 흔히 하곤 하는 전형적인 반응입니다. 사실, 신고인 또는 피해자가 주장하고 있는 내용을 그대로 시인하는 피신고인의 경우를 찾는 것이 훨씬 더 드문 편이라고 하겠습니다.

만일 피신고인이 기억하지 못한다며 부인했을 경우, 그때마다 언제나 피해자의 피해 진술을 사실로 인정할 수 없게 된다면 성희롱·성폭력 가해사실을 인정할 수 있는 경우의 수는 부당하리만치 현저하게 줄어들 수밖에는 없을 것입니다. 상식적으로만 생각해 보더라도 이는 너무나도 기이한 일이겠지요.

결론부터 간단히 정리하여 말씀드리자면, 혐의를 받는 측에서 아무것도 기억나지 않는다는 취지로 진술하고 있더라도 이러한 경우에 피해

사실을 확정할 수 없는 것은 아닙니다. 성희롱·성폭력 사안에 있어서 피해자의 구체적이고도 일관된 진술은 사실인정을 위한 근거가 되는 가장 중요한 증거자료에 해당합니다. 일방이 구체적인 진술을 회피하고 있다 하더라도 기본적인 원칙으로 돌아가서 피해자의 진술이 얼마나 구체적이고 일관된 것인지, 피해자의 진술을 뒷받침할 수 있을 만한 다른 증거가 있는지, 그리고 직접적으로 피해진술을 뒷받침하는 것은 아니더라도 정황적으로 이를 뒷받침할 만한 사정으로는 어떤 것이 있는지를 꼼꼼히 확인해 봄으로써 얼마든지 사실인정을 할 수 있습니다.

실무 현장에서 참고하실 수 있도록 국가인권위원회의 실제 결정례를 아래에 소개합니다.

참고 결정례 : 국가인권위원회 2007. 1. 31.자 06진차488 결정
[국가인권위원회 편, 국가인권위원회 결정례집 : 성희롱(제1집), 2007, 제90면 내지 제94면 참조.]

▷ **진정요지**
피해자는 ○○대학교 학생으로서 2006. 7. 6. 저녁 동 학교 ○○학과 학과장인 피진정인에게 학교 근처 공원으로 이끌려가서 여러 차례 포옹을 당하고 키스 시도를 받는 등으로 인하여 심한 성적 모욕감과 수치심을 느꼈다.

▷ **피진정인의 주장**
학교 후문에 있는 ○○식당에서 소주 3병과 맥주 8병을 주문하여 주로 본인이 마셨던 것은 기억하고 있으나 그 이후는 전혀 기억이 없어 진정인이 주장하는 것과 같은 성적 언동을 했는지 기억나지 않는다.

▷ **국가인권위원회의 판단 - 인정되는 사실**

그 이후의 경과에 관하여서는 당사자의 주장이 엇갈리고 있는 바, 피해자의 진술에 의하면 진정인과 피해자, 피진정인이 음식점을 나와 헤어지고 집으로 가고 있는 도중에 피진정인이 다시 전화를 하여 피해자에게 술을 많이 마셨으니 데리러 와달라고 하면서 호출하였고 피해자는 학생의 신분으로 차마 이를 거절하지 못하여 다시 학교 앞으로 돌아가 피진정인을 만나서 맥주집으로 갔는데, 맥주집에서 나올 무렵 피진정인은 피해자의 손목을 잡아 끌고 근처 공원으로 데리고 가서 손목을 잡고 허벅지를 쓰다듬으며 어깨를 잡고 거부하는 피해자를 여러 차례 포옹하고 키스하려고 시도하였다는 것인 반면, 피진정인은 이에 관하여 일체 기억이 나지 않는다고 부인하고 있다.

피해자가 주장하는 것과 같이 포옹과 키스 시도 등의 행위가 있었는지에 관하여 두 사람의 상반된 진술 외에는 직접 그 행위를 목격한 사람이나 사진 등의 다른 증거가 있는 것은 아니나, 피해자가 사건 발생 직후 진정인에게 피진정인이 자신의 몸을 더듬었다고 알려주고 며칠 후 그 내용을 다시 자세히 말해주었으며 이후 학교의 성희롱 관련 조사위원회에서도 일관되게 진술을 하고 있는 점, 피진정인의 핸드폰 통화내역에 당시 피진정인이 피해자에게 통화한 기록이 있는 점, 사건 발생 다음 날 피진정인이 피해자에게 전화를 하여 본인이 실수를 하지 않았는지 옷이 지저분한 이유 등을 물어본 것으로 보아 만취한 상태에서의 실수에 대한 무의식적인 자각과 우려가 있었다고 보이는 점, 피진정인 스스로도 기억이 안 난다고 하고 있으나 강력하게 피해자가 주장하는 것과 같은 행위를 하지 않았다고 부인하고 있지 못하는 점 등에 비추어 보아, 사건 당일에 피해자가 주장하는 것과 같은 언동이 있었던 것으로 판단된다.

질문과 검토의견 15

신고인과 피신고인 양 측의 주장이 첨예하게 엇갈리고 있습니다. 여러 강의를 통해서 이것저것 설명은 이미 들어보았습니다만, 그래도 참 어렵습니다. 기관 내 조사·심의 절차에서 어떠한 원칙과 기준을 가지고 사실 여부를 판단하여야 할까요? 관련된 지침이 있다면, 그리고 구체적으로 참조해 볼 만한 사례가 있다면 소개해 주십시오.

 실무 현장에서 그러한 어려움을 겪고 계시다는 것을 저로서도 잘 알고 있습니다. 저 또한 의뢰를 받고 조사자로서 또는 심의위원으로서 개별 사건에 관여할 때마다 매번 어려움을 느끼곤 합니다. 그러나 어렵고 복잡한 문제라고 해서 마냥 손을 놓고 있을 수는 없겠지요.
 신이 아닌 불완전한 인간이기에 언제나 오판(誤判)의 가능성이 있습니다. 그렇기에 조사와 심의에 관여하는 사람이라면 누구든지 이를 두려워하는 마음으로 최선의 주의를 다하여 조심스럽게 사건을 처리해야 하겠습니다. 사실인정에 관한 중요한 원칙과, 그 원칙을 적용하여 판단한 교과서적 실례를 아래에서 소개해 보겠습니다.
 먼저 국가인권위원회는 성희롱 사건의 사실인정에 관하여 아래와 같이 설명하고 있습니다.

인권위는 당사자 간 진술에 비추어 성희롱 사실이 명백한 경우에는 특별한 판단 자료나 기준을 별도로 설시하지 않고 곧바로 사실관계를 인정하고 있고, 당사자들의 진술이 엇갈리는 경우 피해자가 성희롱 사실을 일관되고 구체적으로 진술하거나 당시 상황에 대한 참고인의 구체적 진술이 있는 경우에 성희롱 사실을 인정하고 있다. 또한 행위자의 언동 당시 피해자의 반응과 그 후의 상황에 대한 피해자의 행동(주위 사람에게 얘기한 사실, 일기장 등 기록, 퇴직, 정신과 치료 등)을 고려하고 행위자의 사후 태도나 행위를 하기 전의 평소 언행(진정 내용 외에도 다른 시점에 다른 사람에게 유사한 언동을 한 일이 있는지) 등도 사실 인정의 근거로 삼고 있다.

[국가인권위원회 편, 『국가인권위원회 성희롱 진정 사건 백서』, 2012, 제61면 참조]

이번에는 제가 국가기관·공공기관의 성희롱·성폭력 고충상담원들에게 늘 소개하는 국가인권위원회의 모범적인 결정례 하나를 보여드리도록 하겠습니다. 위와 같은 판단 원칙이 실제로 어떻게 적용되는지를 교과서적으로 잘 보여주고 있는 귀중한 사례입니다. 국가인권위원회 13진정0412600 결정입니다. 국가인권위원회가 어떠한 근거를 들어서 판단하였는지 아래 결정례의 문구를 함께 읽어나가면서 해당 부분을 짚어가며 설명해 드리겠습니다.

참고 결정례 : 국가인권위원회 2014. 1. 22.자 13진정0412600 결정
[국가인권위원회 편, 『국가인권위원회 성희롱 시정권고 사례집 제7집』,

2015, 제15면 내지 제22면 참조.]

▷ 진정요지

진정인은 2010. ○. ○○. ㈜○○○에 사무직원으로 입사하였고, 피진정인은 같은 회사의 대표이사이다. 입사 직후부터 피진정인은 진정인을 수시로 대표실에 불러 손을 만지고 어깨동무를 하거나 껴안았고, 2010. ○. ○. 오전회의 직후 경, 진정인을 대표실로 부른 후 진정인의 손을 잡고 위아래로 한참을 쳐다보며 "내가 너 정말 사랑하고 아끼는 거 알지? 네가 내 마음을 알아줬으면 좋겠는데, 이해하겠니? 둘만이 아는 얘기였으면 좋겠어."라고 하더니 포옹을 했고 진정인이 이를 뿌리치자 손등에 입맞춤을 하는 등의 행위를 하여 성적 굴욕감을 느껴 퇴사하였으므로 이에 대한 시정을 바란다.

▷ 참고인의 의견

(1) 참고인 1

 평소 피진정인이 진정인을 대표실로 따로 부르는 것을 자주 보았는데, 피진정인이 진정인을 대표실로 부르면 문서작성 등을 핑계로 포옹도 하고 손도 잡아서 불쾌하다는 이야기를 진정인으로부터 직접 들었다. 다른 여직원들에게 물어보니 피진정인이 어깨를 두드리는 등의 신체접촉을 했다고 말했다. 2010. ○. ○. 진정인이 평소 대표실에서 행해진 피진정인의 행위와 그날 오전에 있었던 성희롱 때문에 견딜 수가 없어 회사를 그만둬야겠다는 이메일을 보내왔다. 업무 시 견적서 등 샘플문서가 있어 문서작성, 파워포인트 활용은 거의 하지 않고 있으며, 피진정인이 진정인에게 업무적으로 중압감을 주거나 지적하는 것 또한 목격한 적이 없다.

(2) 참고인 2

 피진정인이 평소 진정인을 자주 대표실로 호출했는데, 진정인은 대표실에 가면 피진정인이 어깨를 만지고 해서 불쾌했다고 여러 차례 이야기했다. 2010. ○. ○. 오전회의 직후, 진정인이 피진정인의 호출로 대표실에 가는 것을 보았고, 대표실에서 나온 진정인은 피진정인이 손을 잡고 손에 입을 맞추고 껴안았다며 매우 불쾌하고 수치스러웠다고 했다. 또한, 피진정인이 이번 일은 진정인과 둘만 아는 비밀로 하자는 식의 이야기도 했다며 그동안 피진정인으로부터 받은 메시지를 보여주더니 회사를 그만둬야겠다고 했다.

참고인 2는 피진정인으로부터 진정인처럼 개인적인 메시지를 받은 적은 없으나, 피진정인과 대표실에 단둘이 있을 때 피진정인이 워드, 컴퓨터 활용 등을 물어보며 모니터를 보다가 어깨를 만지거나 신체접촉을 한 적이 있으며 피진정인과 함께 대표실에 들어가던 중 피진정인이 남자친구가 하듯이 어깨동무를 하여 불쾌한 적이 있다. 피진정인이 업무와 관련하여 진정인을 다그치거나 지적하는 것을 본 적이 없다.

▷ **국가인권위원회의 판단 - 인정되는 사실**

피진정인이 진정인의 근무기간 중 진정인을 대표실로 수시로 불렀음은 참고인 1, 2의 진술에 비춰 사실로 인정된다. 또한, 진정인과 피진정인의 진술이 정확하게 일치하지 않지만 피진정인이 격려 차원에서 어깨를 쳐준 적이 있다고 진술하였고[※ **박찬성 변호사의 부연설명 : 국가인권위원회는 피진정인이 일부 사실을 스스로 인정하였음을 사실인정의 근거로 삼고 있습니다**], 참고인 1, 2 모두 진정인으로부터 피진정인이 어깨를 만지는 등의 신체접촉을 했다는 이야기를 들었다고 구체적으로 진술하였으며[※ **박찬성 변호사의 부연설명 : 국가인권위원회는 피해자가 피해 발생 이후 가까운 동료 등 지인에게 고충을 토로하는 등의 사후적 반응을 보인 바 있다는 점을 사실인정의 근거로 삼고 있습니다**] 참고인 2의 경우, 피진정인이 자신에게도 직접 어깨를 만지고 어깨동무를 하는 등의 신체접촉을 하여 불쾌했었던 적이 있다고 진술한 점[※ **박찬성 변호사의 부연설명 : 국가인권위원회는 피진정인의 평소 언행 즉, 진정 내용 외에도 다른 시점에 다른 사람에게 유사한 언동을 한 일이 있는지의 여부를 사실인정의 근거로 삼고 있습니다**] 등을 고려할 때 피진정인이 진정인을 수시로 대표실에 불러 손을 만지고 어깨동무를 하거나 껴안았다는 진정인의 주장은 사실로 인정된다.

　　2010. ○. ○. 오전 대표실에서의 성희롱과 관련하여, 진정인과 피진정인이 단둘이 있을 때 발생한 일로 이를 직접 목격한 자는 없으나, 오전 회의 직후에 피진정인의 호출로 진정인이 대표실에 가는 것을 참고인 2가 보았다고 진술하고 있는 점[※ **박찬성 변호사의 부연설명 : 국가인권위원회는 참고인의 관련한 진술이 있는 부분을 사실인정의 중요한 근거로 고려합니다**], 진정인이 참고인 1에게 보낸 이메일, 포털 게시판에 올린 글, 참고인 2, 3에게 사건 당일 오전 피진정인의 행위에 대해 이야기한 진술내용이 매우 일관되고 구체적인 점[※ **박찬성 변호사의 부연설명 : 국가인권위원회는 피해자의 피해 발생 이후의 반응 및 대처 양상과 피해 진술의 구체성 및 일관성을 사실인정의 근거로 삼고 있습니다**], 진정인이 참고인 3에게 피진정인의 언동을 이유로 퇴사의사를 밝힌 것과 관련하여 피진정인이 ○. ○. 오후 18:07경 "사장님한테 이야기 들었다 엿튼 ○○씨(진정인)가 그런 생각을 했다면 내 경솔함 때문이라 생각하여 사과하겠지만 대신 그동안 고생했으니 회사는 계속 나오는 것은 어떨지?"라고 진정인에게 발송한 메시지가 관련 사실을 부인하는 내용으로 보기 어려운 점[※ **박찬성 변호사의 부연설명 : 국가인권위원회는 피해 발생 직후의 피진정인이 내비치는 반응 또는 대처에도 주목합니다**] 등에 비춰볼 때 피진정인이 2010. ○. ○. 진정요지와 같은 내용의 언동을 했다는 진정인의 주장을 신뢰할 수 있으므로 피진정인의 행위는 사실로 인정된다.

질문과 검토의견 16

피신고인(피징계혐의자)은 본인이 하지도 않은 일에 대해서 조사를 받고 있어 억울하다고 주장하면서 신고사실과는 반대 취지의 내용이 담겨 있는 다른 사람의 진술서(사실확인서)를 제출했습니다.
그런데 위 피신고인은 조사 개시 통보를 받은 시점에 비밀유지에 관한 서약을 한 상태입니다. 그렇다면 위와 같이 사실확인 취지의 진술서를 받아 제출한 사실 자체만으로도 이미 비밀유지 서약을 부당하게 위배한 것으로 보아야 하겠지요?

조사 대상 사안에 관하여 비밀유지를 서약한 피신고인(피징계혐의자)이라고 하더라도 징계 또는 그에 준하는 조치 등 그 본인에게 불이익한 조치가 향후 있을 수 있으리라 예상되는 절차상에서 방어권을 정당하게 행사하는 일에 제약을 받는다면 이는 정당하다고 보기는 어려울 것입니다.
그리고 조사와 심의에 앞서 사안에 관한 비밀유지에 서약하게 하는 근본적인 취지는 피해자 또는 신고인을 보호하기 위한 데에 그 일차적 목적이 있습니다.

피해자 보호의 근본 원칙과 피신고인의 방어권 보장이라는 두 원칙은 어느 하나가 반드시 어떠한 경우든 언제나 우선하는 것이라고 단정하기는 어렵고, 피해자 보호의 일차적 목적을 해하지 아니하는 적정한 중간선에서 원만한 조화를 이룰 필요가 있다고 하겠습니다.

그렇다면 비밀유지 서약에 따른 피신고인의 의무이행 범위는 위와 같은 두 원칙 사이의 균형을 고려하여 판단되어야 할 것으로 생각됩니다. 아무리 비밀유지에 서약했다고 하더라도 그 서약이 피신고인의 입장에서 어떠한 방어권도 일절 행사해서는 안 된다는 의미로 해석되어서는 안 될 것입니다.

그러므로 피신고인이 관련 절차에 제출할 반박자료의 준비를 위하여 본인에게 유리한 내용의 사실관계에 대한 확인서 작성 등을 요청한 행위 그 자체가 언제나 어디서나 곧바로 2차 피해 유발행위(내지 2차 가해행위)에 반드시 해당한다고 보는 것은 온당하지 않다는 의견입니다.

다른 한편으로, 아무리 본인의 입장 방어 내지 소명을 위한 반박자료의 준비를 목적으로 한 것이라 할지라도 피해자 또는 신고인 보호라고 하는 중요 원칙을 깨뜨려서는 안 된다는 내재적 한계선은 분명히 존재합니다. 그래서 비밀유지 서약을 부당하게 위배한 것으로서 2차 피해 유발행위를 한 것인지의 여부는 개별·구체적인 사실관계에 있어서 피신고인의 위와 같은 실제 행위가 피해자 또는 신고인 보호의 원칙에 따른 한계선을 넘어선 것으로 평가될 만한 부분이 있는지 또는 없는지의 여부에 따라 그 판단이 달라질 수 있을 것입니다.

위와 같은 전제에서 한번 같이 생각해 보도록 하겠습니다. 귀 기관의 운영규정과 비밀유지 서약사항 문언 등을 종합하여 보건대, 피신고인으로서는 신고인이 특정한 사건을 귀 기관 내 인권센터에 신고하였다는 그 사실 자체, 그리고 누가 신고인인지(규정과 서약사항에 터 잡아 볼 때 여기서는 누가 신고인인지를 간접적으로 추측케 할 만한 정보에 대해서까지도 비밀이 유지되어야 함을 원칙으로 삼고 있다고 해석될 수 있을 것으로 보입니다) 등에 관해서 타인에게 노출해서는 안 될 의무를 부담하고 있다고 생각됩니다.

한데, 문의하신 사안에서는 설령 구체화되지는 아니한 추상적인 수준의 정보에 그쳤다고는 할지언정 피신고인이 다수의 주변인으로 하여금 신고사건의 신고인이 누구인지를 얼마든지 용이하게 추측케 할 만한 정도의 정보를 공개한 것으로 보이고, 그 사실확인서를 타인에게 부탁하는 과정에서 "(신고인이) 주동을 하였다"라는 등 가치중립적이라고는 도저히 보기 힘든 표현까지도 직접 사용했었던 것으로 확인됩니다. 백 보 양보하여 피신고인의 내심에 신고인을 비방할 목적이나 의도가 설혹 정말로 없었다고 할지언정 적어도 문의하신 사안에 있어서 문제 되는 사실확인서 작성 요청행위가 정당한 방어권 행사의 범위 내에 있는 것으로 보기는 어렵다고 할 것입니다.

그 밖에도 피신고인으로서는 주변의 신뢰할 만한 몇몇 제3자들에게 관련한 비밀을 유지해 줄 것을 한 번 더 각별히 당부하면서 조심스럽게 사실관계 확인을 요청했었을 수도 있었을 것임에도 불구하고 그렇게 하지도 않았던 것으로 보입니다. 뿐만 아니라, 피신고인이 여러 제3자들을 직접 대면하는 대신에 귀 기관의 인권센터에 추가적인 사실조사를 진행하여 줄 것을 요청하는 방법을 택하지도 아니하였습니다.

피신고인으로서는, 피신고인의 방어권을 정당하게 행사하면서도 다른 한편으로는 훨씬 덜 침해적인 다른 방식을 얼마든지 취할 수도 있었을 것이라 생각되므로 그 침해의 불가피성 또는 침해의 최소성을 기준으로 판단해 보더라도 귀 기관이 문의하신 사실관계는 그 정당성이 인정되기는 어려운 측면이 있다고 생각됩니다.

질문과 검토의견 17

피신고인(피징계혐의자)이 다른 직원으로부터 선처를 구하는 탄원서를 받아다가 제출했습니다. 피신고인이 이처럼 다른 사람의 탄원서를 정상자료로 제출하는 것 자체도 2차 피해 유발행위(2차 가해)로 보아야 하겠지요?

아무리 실제로 잘못을 저지른 피신고인(피징계혐의자)이라고 하더라도 징계 등 불이익조치가 예정되어 있는 절차에서 본인을 방어할 수 있는 권리는 충분히 보장되어야 합니다.

피신고인 방어권을 적절하게 보장해 주지 않았다는 이유로 행여 나중에 징계처분 등이 법원에서의 불복절차를 통하여 무효로 확인되거나 취소되는 때에 그로 말미암은 추가적인 피해는 피해자에게도 고스란히 전해질 수밖에는 없습니다. 바로 그러한 까닭에서 절차상의 모든 권리를 피해자뿐만 아니라 피신고인 측에게도 적절하게 보장하기 위해 노력하는 일은 궁극적으로는 피해자의 보호를 위한 것이기도 합니다. 피신고인을 '봐주기' 위한 것은 절대로 아니라는 점을 잘 이해할 필요가 있습니다.

선처를 구하는 탄원 의견을 제출하는 것은 방어권 행사의 전형적인 형식이라고 하겠습니다. 그렇다면 다른 사람의 탄원서를 징상에 관계된 자료로서 제출하는 것 그 자체가 곧바로 2차 피해 유발행위(내지 2차 가해행위)에 해당한다고 보는 것은 아무래도 지나친 감이 있다고 할 것입니다. 즉, 탄원서를 받아다가 제출하였다는 그 자체만으로 2차 피해 유발행위의 책임을 묻는 것은 부당하다고 생각됩니다.

그러나 다른 한편으로, 사건처리의 실무 현실에 있어서 피신고인 측의 탄원서 제출에 관하여 일단 우려 섞인 시선으로 보게 되는, 그리고 그러한 탄원서의 제출을 2차 피해 유발행위로 판단하곤 하는 이유는 분명히 실재합니다. 사건처리의 전 과정에서 피해자가 누구인지, 어떠한 내용의 피해를 입었는지 등에 대해서는 최대한의 비밀이 보장되어야 함이 마땅합니다. 그런데 현실 속에서 피신고인 측은 탄원서의 작성을 부탁한답시고 당해 피해 사건에 관하여 타인 면전에서 함부로 언급하거나 그에서 더 나아가 피신고인 본인의 입장에서 일방적으로 유리하게 각색한 내용을 주변에 퍼뜨리면서 피해자를 비난하거나 피해자 탓으로 돌리는 등의 행위를 하는 사례가 매우 빈번했습니다.

2차 피해 유발행위에 대한 금지라 함은 사건 은폐와 피해자 회유에 대한 금지, 피해자에 대한 비난과 사건처리의 향방에 대한 예단 그리고 피해자 보복의 금지를 뜻한다고 요약해 볼 수 있습니다.

당해 성희롱·성폭력 사안에 관한 언급은 피하면서 과거에 피신고인 본인이 성실하게 근무해 왔었던 점이라거나 주변 동료들과 그동안 원만하게 잘 지내왔었던 것들에 관한 내용 또는 피해 사실과 피해자에 대한 것을 전혀 거론하지는 않으면서도 그 가해 사실에 대해 진정성 있게 깊이 반성하고 있다는 점 등을 조심스레 밝히는 정도의 탄원서라면 이것만으로 문제 삼을 까닭은 없을 것입니다. 여기에 사건 은폐나 피해자에게 그 사건처리에 관하여 조금이라도 부담을 줄 수 있을만한 회유, 비난, 예단, 보복 등의 위험성이 있다고 보는 것은 다소 지나친 면이 있을 것입니다.

그러나 그 반대로 억울하다며 피해자를 깎아내리고 피해자에게 책임을 전가한다거나 또는 피해자를 비난하는 것까지는 설령 아니라 하더라도 탄원서를 부탁한다는 핑계로 사건에 관련된 내용을 주변에 함부로 퍼뜨리는 행위라면 아무리 본인의 방어를 위한 차원이라고 선해(善解)해 본들 그 자체만으로도 1차 가해행위와는 별도의 2차 피해 유발행위로서 그에 상응하는 책임이 뒤따라야 할 것임이 자명합니다.

요컨대 탄원서를 제출한 것 또는 탄원서를 제출하고자 하는 것 자체를 미리부터 죄악시하여서는 안 될 것이지만, 현실에 있어서 피신고인 측이 탄원서를 제출하였을 때 혹시라도 그로 인하여 추가적인 피해가 더 발생한 것은 아닌지 전방위적으로 살펴보아야 할 필요는 분명히 있습니다.

그리고 기관의 조사 담당자로서는 행여라도 있을지 모를 2차 피해 발생 가능성을 최소화하기 위한 차원에서 피신고인으로 하여금 본인의 입장을 지지해 줄 수 있다거나 또는 본인의 평소 업무 태도 등 참작할 만한 정상에 관하여 진술할 수 있을 만한 참고인이 누구인지 알려달라고 하여 그 진술을 들어봄으로써 피신고인에게 유리하게 고려될 수 있는 부분이 만일 있다면 그러한 점에 대해서도 공정하게 청취해 보고자 하는 노력을 기울여 보는 것이 좋겠습니다. 그렇게 함으로써 피신고인이 직접 여기저기 주변 지인들에게 탄원서를 부탁할 여지를 줄이면서도 피신고인이 하고자 하는 변소의 취지를 확인하여 볼 수 있을 것입니다.

비교컨대 일반적인 형사재판 절차에 있어서 공소사실과 같은 범죄사실 자체는 인정되더라도 법원의 양형조사관에게 참작할 만한 정상관계가 있는지 등에 대하여 그 양형조사를 위탁하는 때가 있는데 이와 유사한 조사절차라고 생각해 볼 수도 있을 것입니다.

다만 여기서 주의할 점이 있습니다. 피신고인에게 충실하게 방어권이 보장되어야 한다는 것을 피신고인이 행하는 변명을 있는 그대로 곧이곧대로 믿어주어야 한다는 의미로 오해하는 경우를 간혹 봅니다. 하지만 피신고인의 방어권을 보장해 주어야 한다는 말은 피해자의 주장을 배척하고 피신고인의 말을 전부 믿어주라는 의미가 절대 아닙니다. 귀 기울여 다 들어보았는데도 실제로는 고려해 볼 가치가 별로 크지 아니한, 터무니없는 일방적 주장에 불과한 것뿐이라면, 그때 가서 그 진술내용을 중요하게 고려하지 않으면 됩니다. 하지만 설령 그렇다 하더라도 처음부터 들어볼 필요도 없다고 미리부터 단정 지어서 배척해 버릴 것은 아닙니다. 중요한 것은 진술할 수 있는 기회가 적절하게 주어졌느냐 또는 그렇지 않았느냐 하는 데에 있는 것이지요.

아무리 '정말로 나쁜 사람'이라 할지라도 그 사람의 모든 면이 오로지 '나쁜 사람'이기만 한 것은 아닐 수도 있다는 점과, 그토록 '정말로 나쁜 사람'이라 하더라도 적어도 조사·심의 절차에 있어서는 그 본인이 행하고자 하는 소명의 기회는 적절하게 주어져야 한다는 점을 기억해 주시기 바랍니다.

질문과 검토의견 18

신고인이 성희롱·성폭력 사안에 대한 입증자료로서 음성 녹음파일을 제출했습니다. 여러 방면으로 확인을 해 보니 녹음된 대화 상황에 있어서 신고인이 그 자리에 참석하고 있었던 것으로 생각되기는 하는데, 녹음된 내용상으로는 피신고인·신고인 이외에 다른 대화자도 여럿 등장하고 있는 것으로 보입니다. 그리고 직접적인 증거로서의 의미가 있는 대화는 녹음한 당사자인 신고인이 아니라 피신고인과 다른 대화자 사이에 오고 갔던 말인 것으로 생각됩니다. 이런 경우에 위와 같은 대화녹음 자료를 적법한 증거로 고려해도 괜찮은 걸까요?

「통신비밀보호법」 제3조 제1항은 "누구든지 이 법과 형사소송법 또는 군사법원법의 규정에 의하지 아니하고는 (…) 공개되지 아니한 타인 간의 대화를 녹음 또는 청취하지 못한다"라고 정하고 있고, 같은 법 제14조 제1항은 "누구든지 공개되지 아니한 타인 간의 대화를 녹음하거나 전자장치 또는 기계적 수단을 이용하여 청취할 수 없다"'라고 정하고 있습니다.

그리고 같은 법 제14조 제2항 및 같은 법 제4조에 따라서 공개되지 아니한 타인 간의 대화를 녹음하거나 청취한 것은 재판 또는 징계절차에서 증거로 사용할 수 없게 되어 있습니다.

위와 같은 법조문을 보면 피신고인과의 대화를 직접 녹음한 당사자가 그 대화 현장에 참여하기는 하였으나 다른 참여자도 여럿 있었던 것으로 보이고, 실제로 의미 있는 대화 자체는 피신고인과 다른 참여자 간의 대화였던 경우로 그 대화를 녹음한 자료는 위 「통신비밀보호법」에서 녹음 또는 청취를 금지하고 있는 범위에 포함되는 것처럼 생각되기도 합니다.

그러나 대법원 2016. 5. 12. 선고 2013도15616 판결은 "구 통신비밀보호법(2014. 1. 14. 법률 제12229호로 개정되기 전의 것) 제3조 제1항이 공개되지 아니한 타인 간의 대화를 녹음 또는 청취하지 못하도록 한 것은, 대화에 원래부터 참여하지 않는 제3자가 그 대화를 하는 타인 간의 발언을 녹음 또는 청취해서는 아니 된다는 취지이다"라고 판시하고 있고, 위 판례가 원용하고 있는 대법원 2006. 10. 12. 선고 2006도4981 판결도 통신비밀보호법 제3조 제1항은 대화에 원래부터 참여하지 않는 제3자가 그 대화를 하는 타인들 간의 발언을 녹음해서는 아니 된다는 취지이며, 3인 간의 대화에 있어서 그중 한 사람이 그 대화를 녹음하는 경우에 다른 두 사람의 발언은 그 녹음자에 대한 관계에서 '타인 간의 대화'라고 할 수는 없으므로 이와 같은 녹음행위가 위 통신비밀보호법 제3조 제1항에 위배한다고 볼 수는 없다고 판시한 바가 있습니다.

특히, 대법원 2014. 5. 16. 선고 2013도16404 판결은 "3인 간의 대화에서 그중 한 사람이 그 대화를 녹음 또는 청취하는 경우에 다른 두 사람의 발언은 그 녹음자 또는 청취자에 대한 관계에서 통신비밀보호법 제3조 제1항에서 정한 타인 간의 대화라고 할 수 없으므로, 이러한 녹음 또는 청취하는 행위 및 그 내용을 공개하거나 누설하는 행위가 통신비밀보호법 제16조 제1항에 해당한다고 볼 수 없다"라는 점을 명백히 하였습니다.

따라서 녹음을 했던 신고인 본인이 그 녹음된 대화 상황에 직접 참여한 대화자 중의 1인이었다면, 이때 그 대화 내용을 녹음하고 이를 공개한 행위가 「통신비밀보호법」에 위배되는 것은 아니라고 하겠습니다. 즉, 문의하신 사항에 있어서 제출된 녹음파일 또는 녹취서를 증거자료로 사용하는 것에 있어서 「통신비밀보호법」에 저촉되는 사항은 없다고 하겠습니다.

질문과 검토의견 19

**기관 내에서 조사를 다 마쳤습니다.
이제 성희롱·성폭력 고충심의위원회를 개최하려고
합니다. 성희롱·성폭력 고충심의위원회에서 피신고인
(피징계혐의자)에게 반드시 진술기회를 부여해야
할까요?**

    성희롱·성폭력 고충심의위원회 절차는 엄밀히 말하자면 징계를 위한 본(本) 절차에는 해당하지 않습니다. 굳이 따지자면 징계절차에 앞선 일종의 전심절차와 같은 성격을 갖는다고 하겠습니다.

    그리고 성희롱·성폭력 고충심의위원회에서 피신고인(피징계혐의자)에게 반드시 출석진술 기회를 부여하여야만 한다고 정해두고 있는 법령상의 규정이 있는 것도 아닙니다. 실제로 기관 중에는 성희롱·성폭력 고충심의위원회 절차까지는 당사자 출석 없이 사건 기록, 즉 조사된 결과에 터 잡아서 문제 되는 사실관계의 성희롱·성폭력 해당 여부까지만 판단하는 예도 상당수 있는 것으로 알고 있습니다.

    그러나 다른 한편으로, 비록 성희롱·성폭력 고충심의위원회 절차가 그 자체만으로 형식상 징계위원회 절차와는 그 성격을 달리하기는 하나, 현실에서는 성희롱·성폭력 고충심의위원회의 판단 결과가 그 이후의 절차에도 그대로 존중되곤 하는 경우가 많다는 사실을 부인하기 어렵다고 생각합니다.

따라서 형식논리상으로는 성희롱·성폭력 고충심의위원회 개최 이후 징계를 위한 본 절차에 이르러서 피신고인에게 충분한 소명과 반박 기회를 제공해 주는 것만으로도 법령에 어긋나는 측면이 있는 것은 아니라고 정리해 볼 수는 있습니다. 그러나 그 실무 현실을 모두 고려한다면 성희롱·성폭력 고충심의위원회 단계에서부터 피신고인에게 적절한 방어 기회를 부여하는 것이 실질적인 적법절차라고 하는 관점에 있어서는 훨씬 더 바람직할 수 있다는 것에 이견의 여지는 없겠습니다.

방어권 보장 이외에도 성희롱·성폭력 고충심의위원회 관여 위원들로 하여금 피신고인에 대한 문답을 직접 진행케 하는 것이 사실 여부에 대한 검토와 판단에 훨씬 더 유리한 면도 분명히 있습니다.

그러므로 현실적으로 불가능한 경우가 아닌 이상은, 가급적 충실한 방어 기회를 보장한다는 차원에서, 그리고 사실 여부를 보다 면밀히 가려내 볼 수 있는 자료를 한 가지 더 가지게 된다는 측면에서 성희롱·성폭력 고충심의위원회 절차에서부터 피신고인에게 출석진술 또는 적어도 서면진술의 기회를 부여하는 것이 좋겠다는 의견을 드립니다.

다만, 여기서 오해가 없으셨으면 하는 사항이 있다면, 피신고인에게 방어할 수 있는 절차적 기회를 제공하는 것이 바람직하다는 말은 성희롱·성폭력 고충심의위원회가 피신고인의 주장을 반드시 수긍해 주어야 한다는 뜻이 결코 아니라는 점입니다.

신고인과 피신고인 양측의 상반되는 주장 속에서도 사실 여부를 면밀히 검토하여 성희롱·성폭력 해당 여부를 판별해 내어야 하는 것은 성희롱·성폭력 고충심의위원회의 당연한 책무입니다. 그리고 방어권을 보장하여야 한다는 것이 피신고인으로 하여금 아무렇게나 허위 주장을 늘어놓더라도 이를 그대로 받아들여 주어야 한다는 의미가 될 수도 없는 점 다시 한번 강조합니다. 이러한 측면에 관해서 오해가 없으셨으면 하는 바람입니다.

질문과 검토의견 20

조사 단계에서 피해자 진술은 충분히 청취한 것으로 생각됩니다. 이런 경우에도 성희롱·성폭력 고충심의위원회가 피해자로부터 피해진술을 다시 들어야 하는 걸까요?

성희롱·성폭력 피해자에게 떠올리기 괴로운 피해 당시의 기억을 다시금 상기하여 진술하라고 하는 것은 그 자체만으로도 엄청난 부담이 될 것입니다.

심의에 앞선 조사 단계에서 피해 진술을 충분히 상세하게 완료했다면 성희롱·성폭력 고충심의위원회에 출석하여 또다시 피해 진술을 반복하여야 할 필요는 크지 않을 것입니다. 그리고 성희롱·성폭력 사건의 해결을 위한 모든 절차에서 피해자의 의사를 최대한 존중하여야 한다는 것은 기본 중의 기본이 되는 원칙입니다.

그러므로 피해자에게 성희롱·성폭력 고충심의위원회에 반드시 출석해야만 한다고 딱 잘라 말하거나 또는 출석하는 것이 이로울 것이라는 뉘앙스로 부담감을 가중시키는 일은 없어야 하겠습니다. 그 대신에 피해자에게 여러 가능성에 대한 충분한 설명을 제공하면서 피해자 스스로 출석 진술 여부를 결정할 수 있도록 기다려 주실 것을 권합니다. 피해자가 원하는 경우라면 얼마든지 의견을 직접 개진할 수 있는 시간과 기회를 부여해 주어야 하겠으나 그 반대로 피해자가 원치 아니하는 경우라면 - 사실 여부에 대한 판단을 위해서 추가적인 문답이 도저히 불가피하다고 생각되는 예외적인 경우가 아닌 한 - 피해자에게 출석을 요구해서는 안 될 것입니다.

다만, 다른 한편으로 조사된 결과를 기록한 문서에만 터 잡아 서면 검토를 진행하는 것과 피해자의 육성을 통한 진술을 직접 청취하여 심의하는 것 사이에는 그 피해 사실이 생생하게 전달되는 측면에 있어서 아무래도 작지 아니한 차이가 있습니다. 그러한 만큼 심의에 관여하는 위원들로부터 더욱 깊이 있는 공감을 이끌어내는 데에는 출석 진술이 조금 더 유리할 수는 있겠습니다. 고충상담원이나 고충심의위원회 간사로서는 피해자가 출석 여부를 스스로 결정하기에 앞서 이와 같은 점을 피해자에게 정확히 알려주는 것이 바람직하겠습니다.

그 밖에 피해자가 진술을 원하기는 하지만, 회의 현장에 직접 출석하는 것보다는 화상을 통한 출석을 희망한다거나 또는 차폐시설(가림막 등)의 설치를 요청하는 경우도 있을 수 있습니다. 위에서 말씀드린 바와 같이 피해자 의사를 최대한 존중하는 게 가장 중요한 원칙입니다. 따라서 피해자의 위와 같은 합리적인 요청 사항에 대하여는 이를 있는 그대로 존중하여 주시는 것이 좋겠습니다.

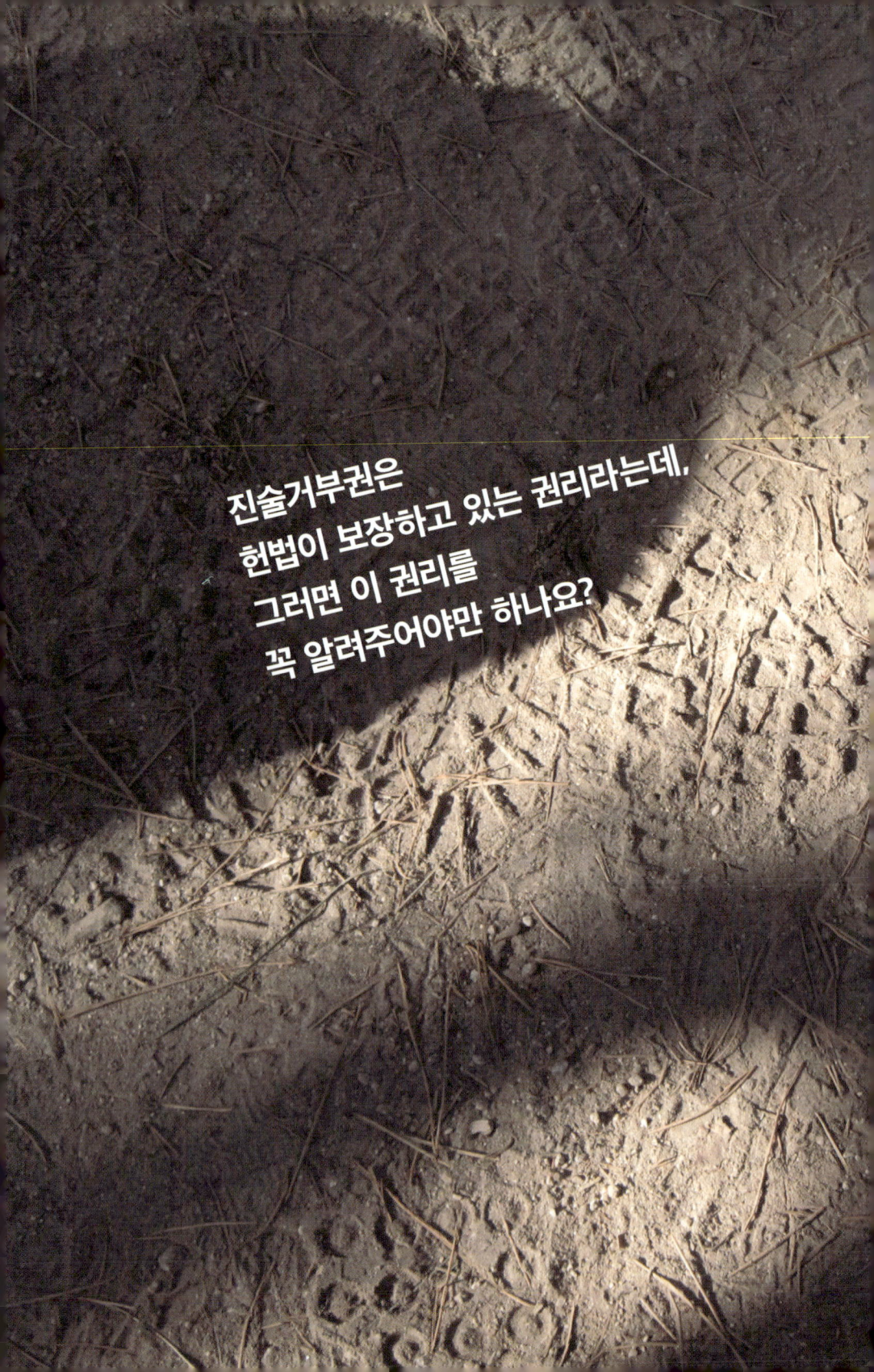

진술거부권은
헌법이 보장하고 있는 권리라는데,
그러면 이 권리를
꼭 알려주어야만 하나요?

질문과 검토의견 21

진술거부권은 헌법이 보장하고 있는 권리라고 들은 바 있습니다. 그렇다면 기관 내의 성희롱·성폭력 조사·심의 절차에서도 피신고인(피징계혐의자)에게 반드시 진술거부권을 고지하여야만(진술거부권이 있다는 것을 꼭 알려주어야만) 하는 건가요?

    진술거부권은 혐의를 받는 사람에게 보장되는 매우 중요한 권리입니다. 이를 볼 때, 징계 또는 그에 준하는 조치 등을 염두에 두고서 진행되는 기관 내의 성희롱·성폭력 조사·심의 절차에서도 피신고인에게 진술거부권이 반드시 보장되어야 할 것으로 생각되는 면이 있습니다.

    먼저, 우리 법 규정을 한번 꼼꼼히 살펴보겠습니다. 진술거부권의 핵심적 근거 규정은 「대한민국헌법」 제12조 제2항입니다. 위 규정은 이렇게 정합니다. "모든 국민은 고문을 받지 아니하며, 형사상 자기에게 불리한 진술을 강요당하지 아니한다." 그리고 「형사소송법」은 제244조의3에서 검사 또는 사법경찰관으로 하여금 피의자 신문에 앞서 "일체의 진술을 하지 아니하거나 개개의 질문에 대하여 진술을 하지 아니할 수 있다는 것", "진술을 하지 아니하더라도 불이익을 받지 아니한다는 것" 등을 반드시 고지하도록, 즉 알려주도록 정해두고 있습니다.

    위와 같은 헌법과 형사소송법 규정을 잘 읽어보면, 우리 법에서 정해

두고 있는 진술거부권이라 함은 마치 형사절차에 있어서만 유효하게 적용될 수 있는 권리인 것처럼 보이기는 합니다.

그러나 헌법재판소 1997. 3. 27. 선고 96헌가11 결정, 헌법재판소 2005. 12. 22. 선고 2004헌바25 결정 등을 보면 우리 법에 따른 진술거부권이 반드시 형사절차에 국한하여서만 적용되는 권리가 아니라는 것을 알 수 있습니다.

진술거부권이란 본래 영미법상의 '자기부죄거부의 특권(Privilege against self-incrimination)'에서 유래한 '형사상 불리한 진술을 거부할 수 있는 권리'로서 정부의 기소 또는 수사로부터 개인을 보호하기 위한 장치로서 의미를 갖는 것이었다고 합니다. 진술거부권을 규정해 두고 있는 우리 헌법 제12조 제2항에 관하여 헌법재판소는 "우리 헌법이 이와 같이 진술거부권을 국민의 기본적 권리로 보장하는 것은, 첫째 피고인 또는 피의자의 인권을 실체적 진실발견이나 사회정의의 실현이라는 국가이익보다 우선적으로 보호함으로써 인간의 존엄성과 가치를 보장하고 나아가 비인간적인 자백의 강요와 고문을 근절하려는 데 있고, 둘째 피고인 또는 피의자와 검사 사이에 무기평등을 도모하여 공정한 재판의 이념을 실현하려는데 있다. 이와 같은 의미를 지닌 진술거부권은 형사절차뿐만 아니라 행정절차나 국회에서의 조사절차 등에서도 보장되며, 현재 피의자나 피고인으로서 수사 또는 공판절차에 계속 중인 자뿐만 아니라 장차 피의자나 피고인이 될 자에게도 보장된다. 또한 진술거부권은 고문 등 폭행에 의한 강요는 물론 법률로써도 진술을 강요당하지 아니함을 의미한다."라고 그 의의를 해석하고 있습니다. (헌법재판소 2005. 12. 22. 선고 2004헌바25 전원재판부 결정 참조)

즉, 진술거부권이란 반드시 형사절차에만 국한되는 것이 아니라 행정절차라거나 국회에서의 조사절차 등에 있어서도 보장되는 헌법상의 기본권이라고 하는 것입니다.

하지만 다른 한편으로 대법원 2014. 1. 16. 선고 2013도5441 판결은 아래와 같이 판시하고 있기도 합니다.

판결요지

[1] 헌법 제12조는 제1항에서 적법절차의 원칙을 선언하고, 제2항에서 "모든 국민은 고문을 받지 아니하며, 형사상 자기에게 불리한 진술을 강요당하지 아니한다."고 규정하여 진술거부권을 국민의 기본적 권리로 보장하고 있다. 이는 형사책임과 관련하여 비인간적인 자백의 강요와 고문을 근절하고 인간의 존엄성과 가치를 보장하려는 데에 그 취지가 있다. 그러나 진술거부권이 보장되는 절차에서 진술거부권을 고지받을 권리가 헌법 제12조 제2항에 의하여 바로 도출된다고 할 수는 없고, 이를 인정하기 위해서는 입법적 뒷받침이 필요하다.

[2] 구 공직선거법(2013. 8. 13. 법률 제12111호로 개정되기 전의 것, 이하 같다)은 제272조의2에서 선거범죄 조사와 관련하여 선거관리위원회 위원·직원이 관계자에게 질문·조사를 할 수 있다고 규정하면서도 진술거부권의 고지에 관하여는 별도의 규정을 두지 않았고, 수사기관의 피의자에 대한 진술거부권 고지를 규정한 형사소송법 제244조의3 제1항이 구 공직선거법상 선거관리위원회 위원·직원의 조사절차에 당연히 유추적용된다고 볼 수도 없다. 한편 2013. 8. 13. 법률 제12111호로 개정된 공직선거법은 제272조의2 제7항을 신설하여 선거관리위원회의 조사절차에서 피조사자에게 진술거부권을 고지하도록 하는 규정을 마련하였으나, 그 부칙 제1조

는 "이 법은 공포한 날부터 시행한다."고 규정하고 있어 그 시행 전에 이루어진 선거관리위원회의 조사절차에 대하여는 구 공직선거법이 적용된다. 결국 구 공직선거법 시행 당시 선거관리위원회 위원·직원이 선거범죄 조사와 관련하여 관계자에게 질문을 하면서 미리 진술거부권을 고지하지 않았다고 하여 단지 그러한 이유만으로 그 조사절차가 위법하다거나 그 과정에서 작성·수집된 선거관리위원회 문답서의 증거능력이 당연히 부정된다고 할 수는 없다.

[대법원 2014. 1. 16. 선고 2013도5441 판결]

더 나아가 서울고등법원이 아래와 같이 판시한 사항(서울고등법원 2019. 2. 21. 선고 2018누52886 판결)은 대법원에서 상고인의 상고가 기각되어 그 판결이 확정된 바도 있습니다. (대법원 2019. 7. 11. 선고 2019두37318 판결 참조)

헌법 제12조 제2항은 '모든 국민은 형사상 자기에게 불리한 진술을 강요당하지 아니한다'고 규정하고 있다. 위 규정에 의한 진술거부권은 형사절차에서만 보장되는 것은 아니고 행정절차이거나 국회에서의 질문 등 어디에서나 그 진술이 자기에게 형사상 불리한 경우에는 묵비권을 가지고 이를 강요받지 아니할 국민의 기본권으로 보장되는 것이나(헌법재판소 1990. 8. 27. 선고 89헌가118 결정), 진술거부권은 '자신에게' '형사상' 불리한 진술을 거부할 수 있는 권리이므로, 이 사건 노인전문병원 및 이 사건 병원의 운영자인 원고에 대한 '행정조사' 절차에서 원고의 '직원들'에게는 헌법 제12조 제2항에 의한 진술거부권은 인정되지 않는다. (…) 이와 다른 전제에 선 원고의 주장 6은 더 나아가 살펴볼 필요 없이 이유 없다.

[서울고등법원 2019. 2. 21. 선고 2018누52886 판결]

마찬가지로 헌법재판소도 진술거부권에 있어서의 진술이라 함은 '자기'의 형사책임과 관련된 진술, 즉 범죄의 성립과 양형에서의 불리한 사실 등을 말하는 것이며 그 진술내용이 자기의 형사책임에 관련되는 사항일 것을 전제로 한다고 판단하고 있습니다. (헌법재판소 2014. 9. 25. 선고 2013헌마11 결정 참조)

말하자면 불리한 진술이라 하더라도 모든 형태 내지 모든 내용의 불리한 진술이 그 진술거부의 대상이 될 수 있는 것이 아니며 오로지 형사적으로 불리할 수 있는 진술에 한해서만 진술거부의 대상이 될 수 있다는 것입니다. 그리고 그 진술거부권을 '고지받을 권리'란 헌법 조항의 존재 자체로부터 곧바로 도출되는 것은 아니며, 별도의 입법적 뒷받침, 즉 법령상의 근거가 마련되어 있을 것을 요한다는 것입니다.

위와 같은 규정 문언과 판례 법리에 터 잡아 정리해 보건대 국가기관이나 지방자치단체 등의 행정절차에서라면 일단 헌법상의 진술거부권이 보장되는 것이기는 하나, 행정청의 내부에서 그 구성원을 대상으로 성희롱·성폭력 비위사실에 관하여 조사를 진행함에 있어서 진술거부권을 반드시 고지하여야 하는 의무를 직접 부과하고 있는 법령상의 규정은 없습니다. 행정청이 아닌 일반 사기업체라거나 공공기관 등의 경우에는 더더욱이나, 그 구성원을 대상으로 하여 성희롱·성폭력 비위사실에 대하여 조사를 진행하는 때에 진술거부권을 고지하여야 한다는 법령상의 일반적 근거 규정은 마련되어 있지 않습니다. 따라서 피신고인의 지위에 있는 자에게 진술거부권을 명시적으로 고지하지 않았다 하더라도 그 조사가 위법·부당하다고 볼 이유는 없다고 하겠습니다. 즉, 진술거부권 고지가 없었더라도 절차상 하자가 있었다고 할 수는 없습니다.

다만, 위와 같은 헌법재판소와 대법원의 여러 판례를 통해서 확인되듯이 적어도 행정절차에 있어서는 진술거부권이 인정된다는 것이 확립된 법리인 것만큼은 분명한 사실입니다. 그리고 징계를 위한 절차가 비록 형사절차의 성격을 지닌 건 아니지만, 그 대상자에게 있어서 불이익한 조치를 예정하고 있는 절차라는 점만큼은 동일한 측면이 있습니다. 그러므로 설령 법률상의 의무까지는 부존재한다고 할지라도 조사·심의에 앞서 원하지 아니하는 경우에는 진술을 거부할 수 있으며, 진술을 거부하는 경우라 하더라도 사실인정에 있어서 불이익을 받지는 아니한다는 것을 고지한 상태에서 문답을 진행하는 편이 실질적 적법절차의 관점에 있어서 훨씬 더 바람직하다고 볼 수는 있겠습니다.

저의 실무 경험상 진술을 거부할 수 있음을 사전에 알린 상태에서 문답을 진행하더라도 실제로 진술을 거부하는 경우는 이제까지 본 적이 없었습니다. 그리고 당사자가 진술을 거부하고 있을 때조차 '그럼에도 불구하고' 그러한 상황 하에서일지언정 다른 확보 가능한 증거자료를 종합하여 문제 되는 사안의 사실 여부를 판단해 보아야 하는 것은 조사자와 심의 관여자의 당연한 역할이기도 합니다. 그렇기 때문에 진술을 원치 아니하는 피징계혐의자에게 그 진술을 억지로 요구할 이유도 없고, 설령 진술을 강권한다고 할지언정 그 실익이 크지 않으리라고도 생각됩니다.

그러므로 실무 현장에서는 엄밀한 형식논리에 기하여 진술거부권이 존재하느냐 그렇지 않느냐, 진술거부권을 고지하는 것이 관련 규정에 비추어 볼 때 꼭 필요하냐 그렇지는 않느냐를 하나하나 세세하게 따지기보다는, 혐의를 받는 사람이라 하더라도 원칙적으로 진술을 강요받지는 않는다고 미리 알려준 상태에서 조사와 심의를 진행하실 것을 권합니다. 위와 같이 스스로의 의사에 따라서 진술할 수 있다는 것을 사전에 알려준 상태에서 문답을 진행해 보더라도 사실 여부를 따져보는 데에 있어서 현저한 지장이 초래될 것으로는 예상되지 않는다는 것을 저의 체험에 비추어 조심스레 말씀드려 보고자 합니다.

질문과 검토의견 22

여러 개의 사실관계가 문제 되고 있습니다. 성희롱·성폭력 고충심의위원회에서 사안을 심의할 때는 위와 같이 문제 되는 여러 사실관계를 포괄적으로 심의해도 되나요? 아니면 각각의 사실관계에 대해서 성희롱·성폭력 해당 여부를 하나하나 검토해 보아야 할까요?

단일한 행위자가 여러 가지 언동을 하였다는 주장이 있는 것이라면, 문제 되는 각각의 주장사실에 대해서 사실인정 여부 및 성희롱·성폭력 해당 여부를 하나하나 검토하는 것이 옳겠습니다.

성희롱·성폭력 고충심의위원회 회의에 참석해 보면, 간혹 여러 개의 주장사실이 문제 되고 있음에도 하나의 투표용지에 성희롱 해당/성희롱 미해당이라는 표기란을 하나씩만 두고 배부하는 경우를 종종 봅니다. 하지만 원칙적으로 일시와 장소를 달리하는 행위, 또는 일시와 장소는 큰 차이가 없더라도 구체적인 행위양태가 서로 다른 행위라면(그래서 그 성격상 어떤 것이 다른 것에 흡수됨으로써 그 전체로 볼 때 하나의 행위로 볼 수 있을 만한 것이 아니라고 한다면) 이때는 그 각각의 행위에 대해서 사실 여부 및 성희롱·성폭력 해당 여부를 심의해야 할 것입니다.

물론 A, B, C, D라는 사실관계를 모두 검토한 결과, 네 가지 모두 사실로 인정되며 성희롱·성폭력으로도 평가할 수 있는 경우에는 문제 되는 사실관계 전부에 대하여 성희롱·성폭력에 해당함을 인정한다는 취지로 포괄적인 하나의 최종 결론으로 정리할 수는 있겠습니다. 하지만 이것이 각각의 사실관계에 대해서 별개의 판단을 한 것이 아니라 전체를 뭉뚱그려서 추상적으로 판단하였다는 의미인 것은 아닙니다. 그리고 A, B, C, D 중에서 A, B는 성희롱·성폭력으로 인정될 만한 언동임이 확인되었으나 C, D의 경우에는 그렇지 않았다면 그 판단을 구체적으로 명시해 주는 것이 필요하겠습니다.

여러 개의 행위사실 중에서 일부는 성희롱·성폭력으로 판단되지 않았음에도 '피신고인의 행위는 성희롱·성폭력에 해당한다'라는 형식으로 막연하게 결정하여 징계위원회나 인사위원회 등 후속 위원회로 사건을 송부한다면 그 후속 위원회에서는 어디서부터 어디까지가 실제로 문제 될 수 있을 만한 언동인지 분별하기가 어려울 수 있어 자칫 성희롱·성폭력으로 보기 어려운 사실관계까지도 징계사유 중의 하나로 포함시킬 수도 있을 것입니다. 그리고 이는 피신고인의 입장에서라면, 경우에 따라서 징계 취소를 주장해 볼 만한 근거사유가 될 수도 있겠지요.

물론 대법원과 각급 법원은 여러 개의 징계사유 중 일부가 인정되지 않더라도 인정되는 다른 일부 징계사유만으로도 징계처분의 타당성을 인정하기에 충분한 경우에는 당해 징계처분을 그대로 유지할 수 있다는 법리를 확고하게 유지하고 있기는 합니다. (대법원 2014. 6. 26. 선고 2014두35799 판결 등 다수 판례 참조) 하지만 위와 같은 판례 법리에 기대어 징계의 적법성을 주장하여야 하는 상황에 이르기 전에, 보다 엄밀한 판단을 통하여 하자의 가능성을 최소화하는 것이 훨씬 더 바람직합니다.

피신고인이라고 하는 '사람', 그 '존재'에 대하여 판단하고 평가하는 것이 아님을 유념하시기 바랍니다. 피신고인이 행하였다고 하는 언동, 그 '행위사실'에 대해서 판단하고 평가하는 것이므로 어떤 사람이 어느 무렵에 성희롱을 한 사실이 있었다고 하더라도 세세하게 따져보기 전에는 그 사람이 과거에 행한 모든 언동이 전부 성희롱일 것이라고 섣불리 단정할 수는 없습니다. 이와 같은 관점에서 접근해 보더라도 여러 개의 사실관계가 문제되고 있을 때는 각각의 사실관계에 대해서 성희롱·성폭력 해당 여부를 하나하나 검토해 보아야 하리라는 점에 이론의 여지는 없다고 할 것입니다.

질문과 검토의견 23

피신고인이 피해자에게 사죄하고 싶다면서
직접 작성한 사과문을 들고 왔습니다.
이런 경우에 어떻게 해야 하지요?
피해자에게 사과문을 전해줘도 괜찮을까요?

성희롱·성폭력 사안 해결의 처음이자 마지막은 '피해자 의사의 최대한 존중'이라고 하겠습니다. 피해자 의사를 정확히 파악하여 이를 존중해 주는 것이야말로 사건을 문제없이 처리하고 피해자의 조속한 피해 회복을 돕는 첩경입니다.

사과의 경우도 마찬가지입니다. 다른 무엇보다도 제일 먼저 피해자의 의사를 확인해 보시기 바랍니다.

피신고인 측에서 피해자에게 사과의사를 전달하고 싶다는 의향을 밝혔다면, 반드시 피해자 측의 의사를 물어봄으로써 사과를 받기를 희망하는지, 만일 사과받기를 원한다면 그 방식에 대해서는 어떠한 의견을 가지고 있는지를 확인하셔야 합니다. 사과문을 전달받아도 괜찮다는 의견을 피력한다면 이때는 피신고인이 제공한 사과문을 전달하여도 무방하나 그와 같은 명시적인 수락 의사가 확인되지 않은 상태라면 절대로 사과문을 그대로 전달하는 일은 없어야 합니다. 사과를 받을 것인지 받지 않을 것인지, 만일 받겠다면 어떠한 형식을 통해서 받을 것인지 등 일체의 사항을 피해자 스스로가 판단하여 결정하도록 하십시오. 숙고할 수 있는 충분한 시간을 주어야 하는 것은 물론입니다.

따라서 기관이 함부로 나서서 피해자 의사를 고려함 없이 오로지 기관이 적당하다고 생각하는 방식대로 사과를 받게끔 강권하는 일은 어떠한 경우에도 없어야 합니다. 이는 그 자체로 2차 피해 유발행위에 해당한다고 할 것입니다.

만일 피신고인 측이 사과의사 또는 반성의 의사를 전하고 싶다고 하나, 피해자가 이를 받고 싶어하지 않는다면 이때 기관으로서는 피신고인의 사과문 또는 반성문을 제출받도록 하되 이를 신고인에게 전달하지 않으면 됩니다. 피신고인이 진정성 있는 반성의 모습을 보인다면 이러한 사실은 최종적인 제재 여부 및 그 수준 등을 결정함에 있어서는 고려되어야 할 것이기 때문에 기관으로서는 이를 반려하시지 마시고 제출받아 관련 심의에 정상자료로서 참작될 수 있게끔 조치하시기 바랍니다.

성희롱·성폭력 사안 해결의
처음이자 마지막은
'피해자 의사의 최대한 존중'
입니다

박 변호사님, 이럴 땐 어떡하죠?

질문과 검토의견 24

저희 기관은 대학교입니다. 학생들 간에 성희롱 가·피해 사건이 발생했습니다. 그런데 피해학생이 대학 내 인권보호부서에서 상담을 마치고 학교에도 사안을 신고하기를 원하지만, 동시에 국가인권위원회에도 사안의 처리를 요청할 수 있었으면 한다는 의향을 밝혀 왔습니다. 이런 경우에 어떻게 처리하는 것이 좋을까요? 학외 절차와 학내 절차를 병행하여도 무방할까요?

먼저, 학내 권리구제 절차와 학외 권리구제 절차를 병행하는 것에는 별다른 문제의 소지가 없습니다. 이를테면 징계 등 조치를 위한 학내 절차를 밟는 동시에 피해자가 고소를 원하는 경우 수사기관으로 사안을 가지고 가는 것도 얼마든지 가능한 것일뿐더러 범죄 피해자의 고소는 대한민국 시민으로서 당연한 법적 권리를 행사하는 것이니 이를 함부로 막아서는 절대로 안 될 것입니다.

그런데 문의하신 사안의 경우, 학생이 대학 내 인권센터 절차와 동시에 국가인권위원회에서 마련하고 있는 권리구제 절차를 밟는 것을 희망하고 있다고 하는 바, 여기에는 주의하여야 할 것이 한 가지 더 있습니다.

성인 간에 면전에서 말 또는 행동으로 발생하는 성희롱의 경우에는 현행법상 성폭력범죄의 영역에 포섭되지는 아니합니다. 즉, 형사처벌 대상은 아닙니다.

그렇다면 학생 사이에서 발생한 성희롱의 경우(여기서는 그 실질은 성희롱이지만 예외적으로 「성폭력범죄의 처벌 등에 관한 특례법」 제13조의 규정에 따라서 수사기관에 그 처벌을 구할 수 있는, 달리 말해 대학 외부의 권리구제 절차를 밟을 수 있는 통신매체 이용 음란행위의 경우를 제외하고 말씀드리도록 하겠습니다) 국가인권위원회의 진정 절차를 통해서 권리구제를 받을 수 있을까요? 현행법 조문을 함께 살펴보도록 하겠습니다.

「국가인권위원회법」 제2조 제3호 라목.

라. 성희롱[업무, 고용, 그 밖의 관계에서 공공기관(국가기관, 지방자치단체, 「초·중등교육법」 제2조, 「고등교육법」 제2조와 그 밖의 다른 법률에 따라 설치된 각급 학교, 「공직자윤리법」 제3조의2제1항에 따른 공직유관단체를 말한다)의 종사자, 사용자 또는 근로자가 그 직위를 이용하여 또는 업무 등과 관련하여 성적 언동 등으로 성적 굴욕감 또는 혐오감을 느끼게 하거나 성적 언동 또는 그 밖의 요구 등에 따르지 아니한다는 이유로 고용상의 불이익을 주는 것을 말한다] 행위

위에서 살펴본 바와 같이 우리 법은 '행위자' 요건을 두고 있습니다. 문의하신 기관과 같은 대학의 경우라면 위 법조문에서 정의하고 있는 공공기관에는 해당합니다. 하지만 '대학교의 학생이 공공기관의 종사자에

해당하느냐?'라고 한다면 안타깝게도 그렇지 않다는 답변만 드릴 수밖에 없지요. 그렇다면 대학교의 학생이 사용자나 근로자의 범주에 포섭될 수 있을까요? 그렇게 보기도 어렵습니다.

그러므로 만일 대학교의 학생이 교원이나 직원으로부터 그 직위를 이용하여 또는 그 업무와 관련하여 성적 언동이나 성적 요구 등을 한 것에 기한 피해를 입었다면 이때는 얼마든지 국가인권위원회의 문을 두드려 볼 수 있겠지만, 그와 달리 동료 또는 선·후배 학생으로부터 피해를 입었다면 국가인권위원회에 가더라도 해당 사건으로는 처리를 요청하기가 어렵습니다.

요컨대 그 행위의 성격상 성폭력범죄에까지는 이르지 아니하는 학생 사이의 성희롱이라면 이는 국가인권위원회의 처리 대상에 해당하지 않으며 수사기관에 고소할 수도 없습니다(앞의 페이지에서 언급한 성폭력처벌법 상의 통신매체 이용 음란행위의 경우에도 마찬가지의 이유에서 수사기관의 도움을 받을 수는 있을지언정 국가인권위원회에 진정을 할 수는 없습니다).

그러한 까닭에서 학생 간 성희롱 사안의 해결에 있어서 대학 내 인권센터가 가지는 중차대한 역할이 강조되고 있는 것입니다. 대학 내 인권센터가 아니라면 피해자로서는 달리 마땅한 문제해결 창구를 찾기가 어려운 셈이지요. 이와 같은 점을 피해학생에게 충분히 설명해 주시면서 학내 절차를 통해서도 문제의 적절한 해결을 도모해 볼 수 있다는 깊은 신뢰감을 줄 수 있도록 노력하시기 바랍니다.

※ 함께 읽어볼 만한 참고자료

물음 : 피해자가 사건에 대한 면담을 진행했지만, 문제해결은 회피하고 있습니다 / 혹은 피해자가 조사나 심의 과정은 거부한 채 초기 조치만을 원하고 있습니다(가해자와의 분리조치 등). 이런 경우, 사건을 접수한 담당자는 어떤 역할까지 할 수 있을까요?

답변 : 사건이 잘 해결되길 바라는 접수담당자의 입장에서는 참 어렵고 난처한 상황이네요. 그러나 담당자의 어려움을 이유로 피해자를 다그치거나, 과정을 모두 거쳐야지만 도와줄 수 있다고 압박해서는 안 됩니다. 피해자가 위와 같은 모습을 보이는 것에 대해 이해하고, 이후 과정을 잘 해설하여 피해자에게 사건 해결의 신뢰를 주는 것이 필요합니다. 가장 먼저 해야 할 일은 사건을 접수한 피해자가 어떤 우려 때문에 사건 해결을 피하고 있는지를 확인해야 합니다. 우리 사회에서 젠더폭력 사건은 여전히 피해자에게 그 책임을 묻는 특성이 있습니다. 피해자 때문에 사건이 생겼다고 하는 피해자유발론, 그리고 피해자에 대한 고정관념, 비난과 낙인 등 피해자를 괴롭게 하는 인식이 널리 퍼져있습니다. 피해자 스스로도 사건을 접수하고 난 이후의 삶이 어떻게 변할지, 이후 자신에게 생길 불이익에 대해 걱정하고 두려울 수밖에 없습니다.

    이런 현실에 기반해 접수담당자는 피해자가 우려하는 지점들에 대해서 조직이 가진 대안, 대책을 잘 설명해야 합니다. 사건이 본격적인 조사와 심의에 들어갔을 때 발생할 수 있는 문제를 사전 예상하고, 그를 막기 위해 조직에서 취할 수 있는 조치를 체크하고 이를 안내합니다. 사건을 해결하기 위한 방안을 충분히 설명했음에도 피해자가 접수와 처리를 두려워한다면 사건을 본격화하지 않고 취할 수 있는 조치에 대해서도 안내해야 합니다. 이때는 접수되었을 때와 접수되지 않고 진행했을 때 각각의 장단점, 이후 진행에 대해 예측하는 것도 필요합니다. 사건의 처리과정을 어떤 방법으로 진행할 것인지에 대한 최종 선택은 피해자가 하는 것임을 잊지 말아야 합니다. 피해자에게도 해당 사실을 주지시키되, 공식적으로 사건의 징계와 처리절차를 밟고 싶다면 언제든 다시 사건을 재진행할 수 있다는 점에 대해서도 안내해야 합니다.

위와 같은 과정을 잘 수행하기 위해서는 하나의 전제가 있습니다. 접수담당자가 권한을 갖고 시행할 수 있는 다양한 피해자 보호조치가 마련되어 있어야 한다는 것입니다. 예를 들어 피해자가 사건 조사 없이 공간 분리를 요구하는 경우, 이에 대한 권한을 가진 담당자와 상의하여 해당 조치를 취할 수 있어야 합니다. 접수담당자를 포함해 조직 내 성폭력·젠더폭력 문제를 해결하고자 하는 입장을 가진 사람들은 우리 조직에 어떤 피해자 보호조치가 마련되어 있는지를 꼭 사전에 확인하고, 없다면 이를 어떻게 만들어 갈 것인지에 대해 적극적으로 논의해 가는 과정이 중요합니다.

[서울여성회 편(서울특별시 성평등기금 후원),
『젠더폭력 개입자 실전 가이드북 : 젠더폭력 문제를 해결하고자 하는 우리를 위한 안내서』, 제31면에서 전문(全文) 인용.]

질문과 검토의견 25

**저희 기관의 성희롱·성폭력 고충상담원이 어디선가 전해 들은 이야기에 따르면 성희롱 가해자에 대한 조치사항을 결정함에 있어서 「가정폭력범죄의 처벌 등에 관한 특례법」(가정폭력처벌법)에서 정해두고 있는 기간 규정을 참조하여 그 기간을 넘어서는 조치를 내려서는 안 된다고 합니다.
저희 기관의 경우 조치와 관련한 기간의 상한 규정은 따로 두고 있지는 않거든요. 이 말이 맞는 건가요?**

    헌법과 법률에 따른 죄형법정주의의 원칙으로부터 이른바 '절대적 부정기형 선고의 금지' 즉 자유형의 선고에 있어 선고형의 기간을 정하지 않고 형을 선고하는 것을 금지하는 원칙이 도출됩니다.
    피해자 보호 등을 위한 기관 내 조치사항이 그 자체 헌법과 법률에 따른 '형벌'인 것은 아니므로 죄형법정주의의 원칙 및 그로부터 파생되는 절대적 부정기형 선고 금지의 원칙 등의 직접 적용을 받는 것은 아니라고 하겠습니다. 하지만 이처럼 절대적 부정기형 선고 금지 원칙의 직접 적용을 받지 않는다는 것이 아무렇게나 무제한의 기간에 대하여 조치사항을 마음대로 정해도 좋다는 의미가 될 수는 없습니다. 모든 형태의 실질적인 불이익 조치의 내용을 결정함에 있어서는 - 아무리 징계대상자, 즉 잘못을 범한 사람에 대한 것이라고 하더라도 - 그 불이익이 과도해지지 않도록 조치의 기간을 분명하게 특정해 둘 필요는 매우 크다고 할 것입니다.

다만, 그렇다고 하더라도 귀 기관 내 인권보호부서가 「가정폭력처벌법」에서 정해두고 있는 기한 규정에 기속되어야 한다거나 이를 반드시 준용하여야 한다고 볼 근거는 없다고 생각됩니다. 같은 이유에서 「가정폭력처벌법」 소정의 기간을 넘어서는 조치의 내용을 결정하였다 하더라도 이것이 반드시 위법·부당하다고 볼 만한 이유 또한 없는 것으로 판단됩니다(귀 기관의 고충상담원께서 어디선가 누군가로부터 듣고 오셨다는 이야기가 어떠한 근거에서 나온 것인지 잘 알기 어렵습니다).

즉, 기관 내 조치사항을 판단하여 봄에 있어서 「가정폭력처벌법」에서 정해두고 있는 기간 규정을 '참조'해 보는 것이 바람직할 수는 있겠지만, 그렇다고 해서 「가정폭력처벌법」 소정의 기간보다 더 장기간에 대해서 조치를 취하였다 한들 이것이 위법하다고 볼 까닭은 없다는 의미입니다.

그렇기는 하나 어쨌든 조치사항의 상한선을 관계 규정에서 미리 정해두지 않았다는 것이 형식논리상 위법하지는 않더라도 경우에 따라서는 부당한 조치에 해당할 소지는 없지 않으므로 만일 아직까지 기간의 상한에 관한 규정이 없었다면 관련 규정을 마련해 둠으로써 적절하게 제도를 개선하여 두실 것을 권합니다.

일례로서 제가 인권자문위원으로 있는 포항공과대학교(POSTECH)에서는 아래와 같은 규정을 두어 시행해 오고 있다는 점을 함께 말씀드려 봅니다.

제31조(징계 요구 이외의 조치) ① 센터장은 제21조제1항 각 호에서 정하는 사항 및 다음 각 호에서 정하는 사항에 대한 대책위원회의 심의·의결에 따라서 조치를 취하여야 한다.

    1. 피신고인에 대한 교내시설 및 서비스 이용 제한 또는 금지
    2. 피신고인에 대한 인권교육 프로그램 이수
    3. 피신고인에 대한 사회봉사 프로그램 이수
    4. 「포스텍 성희롱·성폭력 예방과 처리에 관한 규정」 제22조제3항에 따른 수혜배제 조치
    5. 그 밖에 피해회복 및 재발방지를 위하여 필요한 사항

② 제21조제1항제2호에서 정하는 사항에 관하여 센터장이 결정하거나 또는 「포스텍 성희롱·성폭력 예방과 처리에 관한 규정」 제20조제1항에서 정하는 사항에 관하여 대책위원회가 심의·의결하는 때에는 이용제한 대상인 **교내시설 및 서비스를 특정하고 그 이용이 제한되는 시간대를 지정하여 2년 이하의 범위에서 결정**할 수 있다.

③ 제1항제1호에서 정하는 사항 또는 「포스텍 성희롱·성폭력 예방과 처리에 관한 규정」 제20조제1항에서 정하는 출입·사용금지에 관하여 대책위원회가 심의·의결하는 때에는 **이용 또는 출입·사용금지 대상인 교내시설 및 서비스를 필요최소한도의 범위에서 특정하여야 하며 그 이용 또는 출입·사용금지의 기간은 1년을 초과할 수 없다.**

④ 제1항제2호에 따라서 피신고인이 인권교육 프로그램을 이수하여야 하는 때에 그 이수비용은 피신고인의 부담으로 한다.

⑤ **제1항에 따른 조치의 결정은 대책위원회의 심의·의결 결과가 피신고인에게 통보되는 때로부터 그 효력이 발생**한다.

제2장

성희롱·성폭력, 여러 관점에서 다가가 보기 :

언론 기고 칼럼

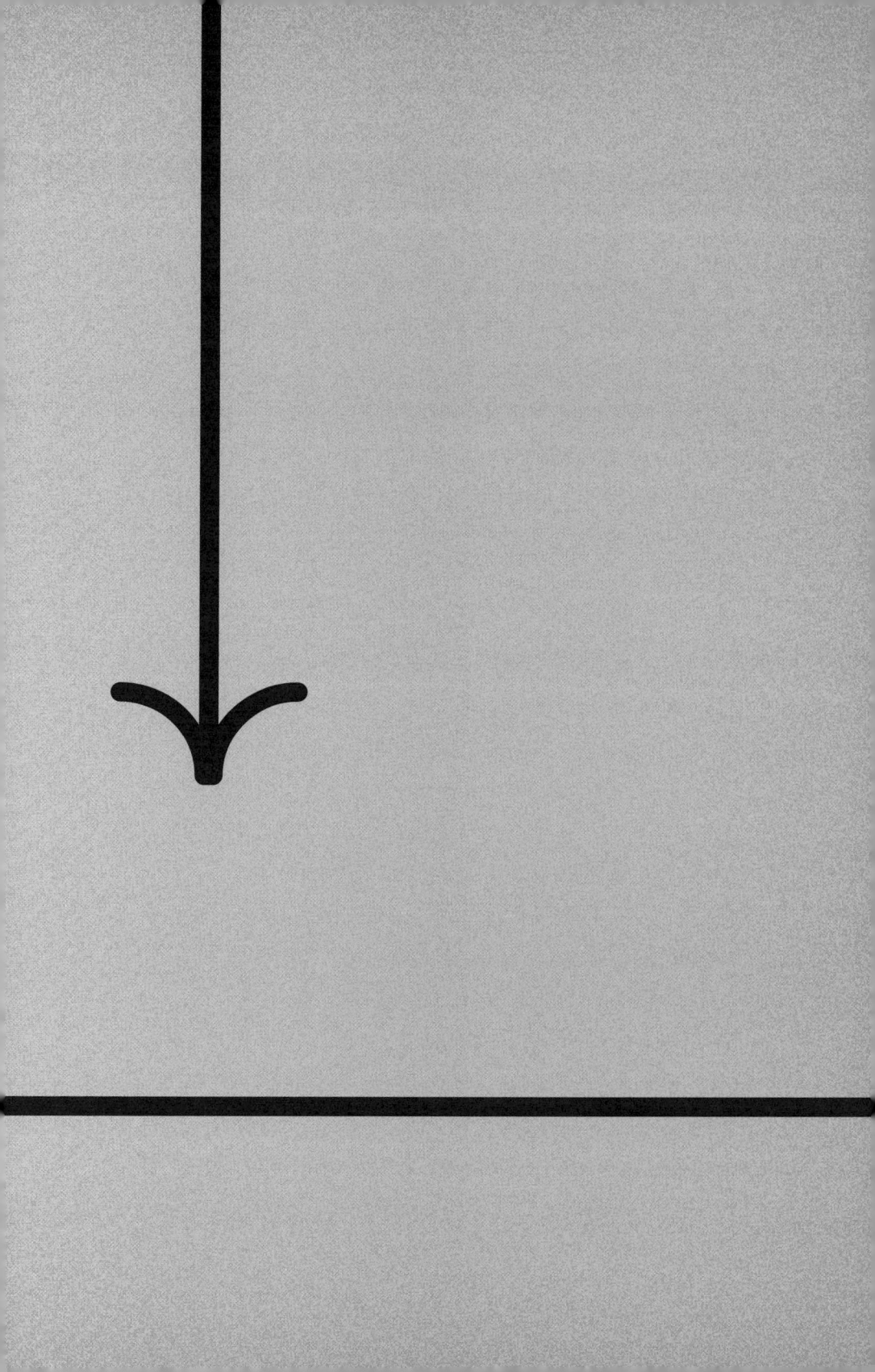

성희롱에 행위자 요건이 꼭 필요한가?

어느 여성 공무원이 민원인의 모멸적 성적 발언에 심한 충격을 받고 정신을 잃는 일이 벌어졌단다. 얼마나 심각한 수준의 모욕적 언동이 있었길래 피해자가 기절까지 했었을지 쉽사리 상상조차 가지 않는다.

그런데 언론에서조차 제대로 다뤄지지 않은, 충격적인 논점이 위와 같은 사례의 이면에 숨어있다. 민원인의 성적 발언은 현행법에 따른 성희롱 개념에는 포섭되지 못한다는 기가 막힌 현실. 왜일까? 우리 법의 성희롱 성립요건에는 행위자 요건이 포함되어 있는데 이를 충족하기 어렵기 때문이다.

성희롱과 관련해 구체적으로 개념 정의를 두고 있는 법으로는 「국가인권위원회법」, 「양성평등기본법」, 그리고 「남녀고용평등법」이 있다. 「국가인권위원회법」과 「양성평등기본법」은 국가기관이나 지방자치단체, 각급 학교와 공직 유관단체 등을 비롯한 '공공기관의 종사자', 일반 사기업체의 '사용자 또는 근로자'가 행한 성적 언동 또는 성적 요구를 성희롱이라고 지칭한다. 그리고 남녀고용평등법은 사업주, 직장 상급자나 근로자가 한 성적 언동이나 성적 요구를 성희롱으로 규정한다.

말인즉, 가해자가 '종사자', '사용자' 또는 '근로자' 등의 지위에 있지 아니하다면 아무리 부적절한 성적 언동이나 성적 요구를 하였다고 한들 법률상의 성희롱 개념에 직접 포섭되기는 어렵다는 뜻이다.

그렇기 때문에 국가기관이나 지자체의 공무원 등 공공기관의 종사자가 업무 중에 민원인을 상대로 성적 불쾌감을 유발할 만한 잘못된 발언이나 행동을 했다면 이는 법률상의 성희롱에 당연히 해당하지만, 거꾸로 민원인이 공공기관의 종사자 등에게 똑같은 내용의 성적 발언을 했다고 하더라도 그 행위는 최소한 법률상의 성희롱 개념을 직접 적용받을 수는 없다. 민원인은 법에 열거된 '행위자 요건'을 충족하기 어렵기 때문이다. 심지어는 피해자가 국가인권위원회에 진정을 제기하더라도 인권위로부터 도움을 받기도 어렵다.

하지만 민원인의 부적절한 성적 언동이 법에 따른 성희롱의 개념요건을 충족하지 못한다 해도 부적절한 성적 언동으로서의 법적 책임이 그에 뒤따르지 않는 것은 아니다. 이를테면 그 언동의 구체적 내용에 따라서는 형법상의 모욕죄나 그 밖의 범죄를 구성할 수 있거니와 인격권을 침해하는 행위로서 민사 불법행위에 해당할 수는 있다.

비슷한 사례는 더 있다. 학생 간에 부적절한 성적 언동이 발생했을 때 그 피해 학생은 소송으로 구제를 받을 수는 있을지언정 국가인권위원회에 진정을 제기할 방도가 없다. 교원의 지위 향상과 교권 수호를 목적으로 하는 법령에는 교육활동 침해 행위 중의 하나로서 학생이나 그 보호자가 교원에게 성적 굴욕감을 줄 수 있는 성적 언동을 한 경우를 명시해 두고는 있다. 하지만 규정에서 이를 '성희롱'이라고 직접 표현하지는 않는다. 학생이나 보호자는 일반적인 성희롱 개념상의 행위자 요건을 충족하기 어렵기 때문이라고 생각된다.

실로 아비를 아비라 부르지 못하고 형을 형이라 부르지 못하는 형국! 근본적인 법적 성격을 따져볼 때는 분명 성희롱이 맞지만, 형식적인 개념 정의로는 성희롱이라고 부르기 어려운, 기이하고도 모호한 회색지대가 우리 법에 그대로 남아있다.

복잡할 뿐만 아니라 상식적으로도 쉽게 납득할 수 없는 이러한 문제 상황은 우리 법의 성희롱 개념이 기본적으로 '직장 내 성희롱' 또는 '업무·고용상의 성희롱'이라는 협애한 상상력에 발이 묶여 있기 때문에 발생한다. 법적 개념의 근본적인 재구성이 필요하지 않을까?

성희롱 개념에 행위자 요건이 꼭 필요한 것인지는 매우 의문스럽다. '누가' 성적인 언동을 했느냐가 아니라 '어떤 말이나 행동'이 있었느냐에 초점을 맞추는 것만으로도 족할 것이다. 피해자를 두텁게 보호하기 위한 새로운 법적 상상력이 필요하다.

성희롱을 성희롱이라 하지 못하는 현행법

직장인 ㄱ씨에게 그날은 정말이지 '기분 더러운' 하루였다. 회사에서 동료직원 ㄴ씨가 ㄱ씨를 가리키면서 "원래 몸매도 쭉쭉빵빵 죽이는데 오늘은 아주 옷차림까지 눈요기 제대로 시켜주는구먼" 운운하며 음담패설을 늘어놓았기 때문이다. 불쾌한 마음에 어쩔 줄 모르던 ㄱ씨는 퇴근길에 옆집에 사는 ㄷ씨와도 마주치게 되었다. 그런데 사전 모의라도 한 듯, ㄷ씨도 ㄱ씨에게 회사에서 ㄴ씨가 했던 것과 토씨 하나 다르지 않게 똑같은 말을 하는 것이 아닌가!

문제제기를 해야겠다고 마음먹은 ㄱ씨는 또 한 번 크게 놀랐다. 동일한 언동에 대해서조차 동일하게 다루어지지 않는 것이 오늘의 현실이기 때문이다. 성희롱 관련 현행법은 아직까지도 그 규율대상을 '직장 내 성희롱'에 한정하고 있다. 현행법에 따르면 정확히 똑같은 내용의 방식과 표현이었다 하더라도 '옆집 사람' ㄷ씨의 언동은 이른바 '직장 내 성희롱'에 해당하지 않기 때문에 성희롱에 특화된 권리구제 절차에서 '성희롱으로서' 문제를 제기하기는 어렵다. 가해자가 누구이며 어떤 가해사실이 있었는지를 명확하게 특정할 수 있더라도 마찬가지다.

성희롱은 법에서 특별히 정하는 예외 경우가 아닌 한에서 기본적으로는 형사범죄가 아니다. 따라서 ㄷ씨의 언동으로 마음에 상처를 입었다 하더라도 위와 같은 말에 더하여 모욕적 언사가 포함되어 있다거나 혹은 집요하게 만남을 요구하는 등의 행동이 있었던 것이 아니라면 ㄱ씨는 경찰의 도움을 받을 수도 없다. 물론 민법상 일반 불법행위 법리에 근거하여 ㄷ씨에게 손해배상청구 소송을 제기하는 길이 열려 있기는 하지만 시간과 비용 등 여러 측면에서 이것이 얼마나 실효적일지는 조금 의문스럽다.

우스꽝스러운 일이 아닌가? 완전히 똑같은 말과 행동을 했는데도 직장 내에서 있었던 일인지 아니면 직장 밖에서 있었던 일인지에 따라 규율과 처리가 달라진다는 것 말이다.

최근 연이어 터져 나오고 있는 학생 간 '단톡방 성희롱' 사안에서도 피해 학생으로서는 문제를 국가인권위원회에 가지고 갈 수조차 없다. 업·고용 또는 그에 준하는 관계에서 발생한 일이 아니기 때문이다.

이처럼 우리 법은 성희롱이 자명한데도 공식적 구제절차로 적절한 도움을 받기는 어려운 회색지대를 여전히 남겨두고 있다. '형을 형이라 하지 못하고 아버지를 아버지라 하지 못하는 것'이 불합리하고 부조리한 것이라면 우리 현행법은 성희롱을 성희롱이라 명확히 규정하지 못하는, 모호하고 부조리한 상태에 빠진 게 아닐까?

법조계 일각에 만연한 성희롱 문제에 대한 해결책으로 이를 형사범죄화할 필요가 있다는 논의가 이루어지고 있는 것으로 안다. 의미 있는 지적이지만 성희롱은 그 행위유형이 매우 다양하기 때문에 이를 정형적으로 포착하기 위해서는 보다 폭넓은 논의가 필요할 것이다. 한편으로 반드시 형사범죄로 처벌하는 것만이 능사인지에 대해서도 추가적인 성찰이 필요하다.

성희롱의 형사범죄화 논의에 앞서 법제상 정비되어야 할 부분은 '직장 내 성희롱'이라는 우리 법의 협소한 시야를 어떻게 넘어설 것인가이다. 어떠한 관계에서 언동이 있었느냐가 중요한 것은 아닐 것이다. 어떠한 말과 행동이 있었는가가 문제의 핵심일 것이다.

주장과 사실, 그리고 성인지 감수성

성인지 감수성이라는 말이 세간의 화제다. 대법원 판결(2018. 4. 12. 선고 2017두74702 판결)에서 처음으로 이 용어가 언급된 것이 벌써 1년 전의 일이었지만, 지난 몇 주 사이만큼 이 말이 자주 회자된 적은 일찍이 없었던 듯하다.*

필자가 출강하는 한국양성평등교육진흥원 공공기관 성희롱·성폭력 고충상담원 대상 전문교육에서 가끔 이런 질문을 받는다. "성희롱·성폭력 사건처리에서는 성인지 감수성이 중요하다고 설명하셨는데, 그렇다면 피해를 주장하고 있는 사람이 있을 때 그 사람의 문제제기 내용은 처음부터 일단 사실이라고 믿고서 시작해야 한다는 거지요?" 정답은 뭘까?

성인지 감수성에 입각하여 사건을 바라보아야 한다는 말은 사실여부를 따져볼 때 피해자의 입장과 처지를 피해자의 관점에서 더욱 세심하게 이해해 보아야 한다는 의미다. 대법원은 피해자가 피해사실을 알리고

---

* 위 칼럼은 2019년에 공간된 글입니다.

문제 삼는 과정에서 오히려 부정적 반응이나 여론, 불이익한 처우 또는 그로 인한 정신적 피해 등에 노출될 수 있다는 특별한 사정을 충분히 고려해야 함을 강조하였다.

이에 따르면 2차 피해를 두려워하여 피해자가 피해발생 이후에도 가해자와 종전의 관계를 계속 유지할 수도 있고 피해사실을 한참 후에 신고할 수도 있으며, 절차진행 중 다소 소극적인 태도로 진술에 임할 수도 있다는 여러 요소를 감안해야 한다. 표피적으로 드러난 일부 사정에 기하여 피해를 주장하는 사람의 진술을 섣불리 배척해 버리고는 사실여부를 함부로 판가름 내서는 안 된다는 뜻이다. 말인즉, 한 번 더 꼼꼼히 살펴보라는 의미. 정말로 중요한 원칙임에 틀림없다.

그럼에도 '주장'은 '사실로 인정될 수 있는 내용'과는 다르다. 주장이 곧바로 사실로 확정될 수는 없는 법이다. 당연한 말이지만 주장이 사실이 되려면 입증이 필요하다. 그런 연유로 주장한 내용의 진위를 검토할 때, 피해자의 상황과 처지를 충실하게 이해해야 한다는 뜻은 피해주장이 있기만 하다면 입증된 바가 없더라도 언제나 그 문제제기의 내용을 사실로 믿어주어야 한다는 말은 아니다. 객관성을 모두 포기하고 이른바 '관심법'으로 사안에 접근해도 괜찮다는 의미 또한 전혀 아니다.

그래서 성인지 감수성을 잃지 않아야 한다는 원칙은 사실여부를 보다 신중하게 심사숙고해 혹시 함부로 놓치는 점은 없는지를 '꼼꼼히 따지라는' 것이지, 문제제기가 있기만 하면 '묻지도 따지지도 말고' 그 주장을 사실로서 미리부터 단정해도 좋다는 뜻이 아니다. 그러므로 위의 질문에 대한 정답은 '아니오.'가 된다.**

혹자는 이렇게 반문할지 모른다. "그런 세부적인 내용은 법관만 잘 알면 족하지 않나요? 법 전문가 아닌 일반인이 굳이 알 필요가 있나요?"

** 최근 대법원도 '성인지 감수성'에 관하여 같은 취지로 판단한 바 있습니다.
"성범죄 사건을 심리할 때에는 사건이 발생한 맥락에서 성차별 문제를 이해하고 양성평등을 실현할 수 있도록 '성인지적 관점'을 유지하여야 하므로, 개별적·구체적 사건에서 성범죄 피해자가 처하여 있는 특별한 사정을 충분히 고려하지 않은 채 피해자 진술의 증명력을 가볍게 배척하는 것은 정의와 형평의 이념에 입각하여 논리와 경험의 법칙에 따른 증거판단이라고 볼 수 없지만, 이는 성범죄 피해자 진술의 증명력을 제한 없이 인정하여야 한다거나 그에 따라 해당 공소사실을 무조건 유죄로 판단해야 한다는 의미는 아니다. ① 성범죄 피해자 진술에 대하여 성인지적 관점을 유지하여 보더라도, 진술 내용 자체의 합리성·타당성뿐만 아니라 객관적 정황, 다른 경험칙 등에 비추어 증명력을 인정할 수 없는 경우가 있을 수 있다. ② 또한 피고인은 물론 피해자도 하나의 객관적 사실 중 서로 다른 측면에서 자신이 경험한 부분에 한정하여 진술하게 되고, 여기에는 자신의 주관적 평가나 의견까지 어느 정도 포함될 수밖에 없으므로, 하나의 객관적 사실에 대하여 피고인과 피해자 모두 자신이 직접 경험한 사실만을 진술하더라도 그 내용이 일치하지 않을 가능성이 항시 존재한다. 즉, 피고인이 일관되게 공소사실 자체를 부인하는 상황에서 공소사실을 인정할 직접적 증거가 없거나, 피고인이 공소사실의 객관적 행위를 한 사실은 인정하면서도 고의와 같은 주관적 구성요건만을 부인하는 경우 등과 같이 사실상 피해자의 진술만이 유죄의 증거가 되는 경우에는, 피해자 진술의 신빙성을 인정하더라도 피고인의 주장은 물론 피고인이 제출한 증거, 피해자 진술 내용의 합리성·타당성, 객관적 정황과 다양한 경험칙 등에 비추어 피해자의 진술만으로 피고인의 주장을 배척하기에 충분할 정도에 이르지 않아 법관으로 하여금 합리적인 의심을 할 여지가 없을 정도로 공소사실이 진실한 것이라는 확신을 가질 수 없게 되었다면, 피고인의 이익으로 판단해야 한다." (대법원 2024. 1. 4. 선고 2023도13081 판결 참조.)

반은 맞고 반은 틀린 말이다. 일례로 범죄 아닌 성희롱의 경우는 다른 일반적 업무상 비위와 마찬가지로 일차적으로는 공공기관이나 사업장 내에서 징계대상으로 다루어야 하는 문제로 남아있다. 그렇기에 법률가 아닌 고충처리담당자나 징계심의 관여자도 이 개념의 참뜻을 잘 이해해야 할 필요가 크다. 위의 대법원 판결도 기관 내의 성희롱 대상 징계처분의 적법성이 다투어졌던 사건이었다.

다른 이유도 있다. 성인지 감수성을 강조하는 것이, 마치 '무죄추정의 원칙'이나 '의심스러울 때는 피고인에게 유리하게'라는 근본원칙을 도외시하는 것인 양 오해하는 이들도 있기 때문이다. 하지만 이 또한 말 그대로 오해에 불과하다. 이는 위에서 보듯 피해주장이 있기만 하면 언제나 마구잡이로 사실을 인정하라는 것이 아니라 사실여부를 잘 따져보라는 주문이기 때문이다.

안타깝지만 실제로 세상에는 음해성 무고라는 것도 전혀 없지는 않다. 개념에 대한 오해로 일선 현장에서 행여 판단을 그르쳐 억울하게 가해자로 몰리는 이가 나오는 일은 없어야 한다. 몰이해가 반감으로 이어지고 불필요한 논란으로 비화하는 것 또한 성평등의 진작에 심각한 해악이 될 것이다. 우리가 성인지 감수성이라는 말의 의미를 한 번쯤은 제대로 이해해 볼 이유는 이것만으로도 충분하지 않을까.

우리가 원숙한 성인지 감수성을 갖추고서
양측의 주장을 곱씹어 본다면

피해자의 목소리를 섣불리 간과해 버리는 일도,
억울하게 가해자로 몰리는 사람의 항변을
무시해 버리는 일도
함께 줄여나갈 수 있지 않을까요

우리가 모두 성인지 감수성을 고양해야 하는 이유

　세상에 죄짓고 사는 사람도 적지 않지만 다른 한편으로 많은 이들은 '법 없이도 살 사람'이라는 말을 들을 정도로 하루하루를 건실하게 살아간다. 세상이 그나마도 이만큼이나마 유지되는 것은 나쁜 사람보다는 착한 사람이 더 많다는 방증일 터다. 그러니까 대법원에서 '성인지 감수성'을 강조하든 말든 평균적 시민의 삶과는 무관한 이야기이리라. 근데 맞는 말일까? 정말로 일반인은 성인지 감수성에 별 신경 쓰지 않고 살아도 될까?

　2020년이 되면 국민참여재판이 도입된 지 햇수로만 13년이 된다. 국민참여재판에 배심원으로 참여하는 것은 법률에 따른 신성한 의무다. 만 20세 이상 국민은 배심원 후보예정자 명부에 올라서 배심원 후보자 선정 통지를 받을 수 있다. 그러므로 '법 없이도 살 사람'이라고 한들, 때로는 법 없이 살아서는 절대로 안 되는 중차대한 의무를 지게 될 경우가 생긴다.

　실제 사례다. 피고인이 어느 날 새벽에 열린 창문을 통해서 여성 피해자의 방 안으로 침입했다. 피고인과 피해자는 이전에 교제하던 관계였다. 피고인은 잠을 자던 피해자의 몸 위에 올라타 앉은 후 "사람을 죽였다. 너도 죽을래?"라며 협박하고서는 손으로 피해자의 입을 막고 피해자의 신체를 함부로 만지다가 피해자의 반항을 억압한 후 강제로 범했단다.

　이 사건에서 검찰은 주거침입강간 등으로 피고인을 기소했다. 하지만 위 사건이 발생하기 전에 두 사람이 2년간 동거를 했던 점, 동거관계 종료 이후에도 '원만한' 관계가 유지되었던 점, 피고인은 피해자와 사귀던 동안에도 창문을 통해서 피해자 방으로 몇 차례 들어간 적이 있었던 점, 성관계 직후 피고인이 피해자의 반항을 더는 억압하지 않고 곧바로 퇴거한 점, 피해자가 소리를 지르는 등의 구조요청을 하지 않은 점, 사건 이후 피해자와 피고인이 문자메시지 또는 통화를 주고받은 사실이 있는 점 등을 근거로 강간에 대하여는 무죄 취지의 판결이 내려졌다. 재판부의 독단적인 견해였느냐고? 아니다. 놀랍게도 강간의 점에 대하여는 배심원 7명 중 2명만이 유죄 의견을, 무려 나머지 5명이 무죄 의견을 피력하였단다.

필자가 관여한 사건은 아니므로 조심스럽기는 하지만, 판결문에 나타난 제반 상황으로 미루어 추측건대 위 사안에서 강간이 유죄로 인정되지 않은 것은 의문스러운 점이 크다. 누구나 배심원으로서 형사재판에 참여할 수 있는 이 시대에 법률가뿐만 아니라 시민들 모두가 성인지 감수성 증진을 위한 관심과 노력을 기울여야 할 필요는 이 사례만으로도 넉넉히 뒷받침될 수 있으리라.

법원은 국민참여재판을 거친 사실인정 및 법적 평가는 새로운 증거가 추가로 발견되었다거나 그 밖에 배심원들의 판단을 도저히 수긍할 수 없을 만한 특단의 이유가 없는 한 그대로 존중함이 옳다는 입장을 견지한다. 그렇기에 언젠가는 배심원이 될 수 있는 시민들 누구나 올바른 성인지 감수성을 체현해야 할 이유는 그만큼 더 커진다고 할 수 있다.

국민참여재판 이외에도 시민의 사법적 절차에 대한 관여의 정도는 점차 높아지는 추세다. 어느 사건의 기소 여부에 관한 검찰시민위원회 위원들의 의견을 사건기록에서 접했던 일이 있다. "합의까지 다 해놓고도 처벌을 원한다는 것이 도저히 납득되지 않는다"라는 어느 시민의 의견이 기억에 선명하다. 맞는 말일까? 필자의 경험에 따른다면 언제나 옳다고 보기는 어렵다. 피해자들 중에는 가해자에 대한 선처까지는 용인하면서도, 그렇다고 처벌 자체를 아예 원치 않는 것은 아닌 경우도 적지 않기 때문이다.

성인지 감수성 개념이 충분한 성찰 없이 남용되는 측면이 혹시 있는 것은 아닌지를 우려하는 목소리가 있다. 경청할 만한 지적이라고 본다. 함부로 외면할 수 없는 통찰을 담고 있다. 그러나 우리가 모두 더욱 원숙한 성인지 감수성을 갖추고서 양측의 주장을 주의 깊게 곱씹어 본다면 보호받아 마땅한 피해자의 목소리를 섣불리 간과해 버리는 일도, 억울하게 가해자로 몰리는 사람의 항변을 가벼이 무시해 버리는 일도 함께 줄여나갈 수 있지 않겠는가.

피의자의 사망과 수사의 계속, 무죄추정의 원칙과 피해자 보호

범죄혐의를 받고 있던 사람이 수사 도중 사망하면 더 이상 공소권이 없다는 취지로 수사가 종결된다. 성폭력범죄의 경우도 예외가 아니다. 수사 중 피의자가 사망한 사건의 피해자에게 2차 피해가 빈발하고 있는 모양이다. 그와 같은 2차 피해 발생을 막기 위해서 피의자가 사망하였더라도 그 수사는 계속 진행되어야 한다는 주장이 대두되고 있는 것으로 보인다.

우리나라의 최고규범에 해당하는 대한민국헌법은 "형사피고인은 유죄의 판결이 확정될 때까지는 무죄로 추정된다"라고 정한다. 누군가가 아무리 정말로 잘못을 저질렀다 한들 사법부가 행하는 판결로써 유죄가 인정되어 그 판결이 확정되지 않고서는 무죄추정은 깨어지지 않는다는 의미다.

오해는 마시라. 형사재판에서 무죄추정이 깨어지지 않았다고 하는 것이, 다른 형태의 법적 책임도 전혀 존재하지 않는다는 뜻은 아니다. 소송법 규정에 따라서 재판절차가 판결로 마무리될 수는 없었기에 무죄추정이 깨어지지 않았다는 것이 처음부터 어떠한 잘못도 없었다는 증명이 될 수도 없다. 무죄로 추정을 받을 수 있는 법적 상태가 깨어지지는 않았다는 것뿐이다.

어쨌든 수사기관이 범죄사실을 인정하는 취지의 의견을 내고 처분을 하더라도 이는 사법부의 판결을 대신할 수 있는 것은 아니므로 헌법에 따른 무죄추정을 깨뜨릴 수는 없다. 게다가 누군가는 '그것은 수사기관의 일방적이고도 자의적인 의견일 뿐'이라고 치부해 버릴 것이다.

피의자의 사망 이후에도 수사뿐만 아니라 재판까지 진행하여 판결로써 유죄를 인정하면 되지 않느냐고 반론할지도 모르겠다. 하지만 반대신문권과 항변 내지 반론의 권리는 재판제도의 본령이다. 최악의 범죄자라 해도 정당한 재판절차는 보장되어야 함이 옳다. 우리의 생래적인 감정이 이를 마뜩잖게 여길 수는 있을지라도 말이다. 당사자가 사망한 상태에서 재판을 진행한다는 것은 위와 같은 기본적 권리들을 보장하지 않겠다는 것과 다를 바 없는데, 이는 현행법에도 어긋나거니와 문명적 형사사법제도의 근간을 이루는 원칙에 반하는 주장이어서 받아들이기 어렵다. 더구나 대법원까지 거친 확정판결에 대해서조차도 진실에 반하는 잘못된 판결이라며 비난을 서슴지 않는 이들마저 있을진대 무리하게 원칙을 저버릴 이유가 있을까?

2차 피해를 유발하는 행위는 민사 불법행위 책임을 발생시킨다. 이는 우리 법이 '2차 피해'라고 하는 용어를 법체계 내에 수용하기 이전부터 인정되어 온 법리다. 그리고 2018년 12월 제정된 「여성폭력방지기본법」은 성희롱·성폭력 등에 대한 2차 피해를 법률상의 용어로 자리매김하였고, 2차 피해로부터 보호받을 권리가 피해자의 법률상 권리임을 분명히 해 두었다.

하지만 우리 법은 2차 피해 유발에 대한 손해배상책임, 특히 징벌적 손해배상책임 등에 관한 별도의 명문규정을 두고 있지는 않기 때문에 민법에 따른 일반 불법행위의 법리에 의거하여 손해배상청구가 이루어지고 있다. 입증책임을 전환하거나 또는 피해자의 입증책임 경감을 위한 규정은 마련되어 있지 않다. 피해자에게 여하한 불이익이 발생했을 때 이를 2차 피해로 법률상 '추정'하는 규정도 없다.

2차 피해를 실효적으로 방지하는 동시에 피해자 주장의 신빙성 유무에 관해서 사법부의 판단을 거칠 수 있게끔 하는 방안으로서는 수사의 계속 진행보다는 민사적 제재수단을 통한 억지력 강화를 꾀하는 것이 오히려 더 바람직할 수 있다고 생각한다.

2차 피해 유발에 관한 징벌적 손해배상의 근거규정을 신설함으로써 누구도 감히 2차 피해 유발을 엄두조차 내지 못하도록 하고, 혹시라도 예측하지 못한 2차 피해가 발생한 경우에는 피해자가 민사적 제재수단을 더욱 손쉽게 강구할 수 있도록 하는 제반 규정을 마련하는 것은 어떨까? 피해자가 소를 제기하면 법원은 전제사실에 대한 기본적 판단을 하지 않을 수 없을 것이므로 민사재판이기는 해도 피해자는 진술 신빙성에 관한 사법부의 판단을 받아 볼 수 있게 된다. 다른 한편으로 이 같은 경로 선택은 형사절차의 기본원칙을 우회하면서 예외를 설정하는 무리

수를 둘 필요는 줄어들게 될 것으로 본다. 이런 문제에 관련하여 발전적 대화와 토론이 계속 이어지게 되기를 기대해 본다.

그 이후로도 남게 되는 것들에 관하여

'그 사건' 이후로 여기저기에서 문의가 들어온다. 성희롱이나 성폭력 가해자가 사망하면 그것으로 모든 책임이 다 사라져 버리는 거냐고. 독자 중에도 궁금해할 분이 적지 않은 듯해 오늘은 이와 관련해 간략하게나마 법리를 한 번 살펴보고자 한다.

가해자가 사망하면 형사책임을 추궁할 방법이 없다. 형사고소가 있었더라도 피의자가 사망하면 검찰사건사무규칙에 따라서 '공소권 없음'을 주문으로 하는 불기소처분이 내려진다. 형사책임이란 문제 되는 특정한 행위를 하였던 바로 그 사람에 대해서만 물을 수 있을 뿐, 다른 사람이 대신해서 책임지는 일은 있을 수 없다.

설령 주변인들에게 2차 피해 유발자로서 또는 가해행위에 대한 방조범으로서 형사책임을 물을 수 있느냐 하는 쟁점이 남는다고 해도 마찬가지다. 그 주변인은 스스로 범한 2차 피해 유발행위 또는 방조행위의 행위자 본인으로서 책임을 지게 되는 것이지 다른 사람의 형사책임을 대신 지는 것은 아니다.

그러나 민사책임의 영역에서는 상황이 다르다. 누군가가 불법행위를 범했다면 민사상의 손해배상책임은 형사책임과 별도로 발생한다. 예컨대 사기죄를 범한 자가 형사재판을 받고 교도소에 입감했다고 해서 그 사람이 지고 있는 민사채무가 사라져 버리지는 않는다.

게다가 형사책임을 물을 방법이 소멸했다고 해서 민사책임이 덩달아 사라져 버리는 것도 아니다. 민법상 상속의 법리에 의거하여 손해배상채무는 상속분에 따라서 상속인들에게 귀속된다. 비단 성희롱·성폭력뿐만 아니라 불법행위 일반에 있어서 그러하다. 법원도 불법행위에 기한 손해배상채무가 사망한 불법행위자의 상속인들에게 승계되므로 피해자가 그 상속인들을 상대로 손해배상을 구할 수 있다는 것을 당연히 인정하고 있고, 그러한 취지의 판례도 어렵지 않게 찾아볼 수 있다.

그리고 성희롱·성폭력 피해자는 「민법」 제756조가 정하는 사용자의 배상책임 법리에 따라서 그 사용자에 해당하는 법인에게도 손해배상을 청구할 수 있다. 직접 가해행위를 범한 피용자(被傭者)가 사망하였다고 하더라도 사용자 책임이 그대로 소멸하지도 않는다.

조금 더 나아가는 다소 어려운 이야기 하나. 「민법」 제35조 제1항은 이렇게 정한다. "법인은 이사 기타 대표자가 그 직무에 관하여 타인에게 가한 손해를 배상할 책임이 있다. 이사 기타 대표자는 이로 인하여 자기의 손해배상책임을 면하지 못한다." 대법원은 위 조문을 이렇게 새긴다. "대표자가 직무상의 불법행위를 했다면 이는 민법 제756조의 사용자 배상책임과는 성질이 다른 것으로서 법인 그 자체의 불법행위에 해당하기 때문에 배상책임이 발생한다."

당장에 떠오르는 것. 우리 법은 성희롱의 개념요소로서 '업무관련성'을 명시해 두고 있다. 따라서 어떠한 행위가 법률상 성희롱으로 인정된다면 이는 '직무에 관하여 타인에게 가한 손해'에 해당할 수 있다고 볼 만한 여지가 있다. (갑자기 성폭력에 관해서는 어디다 내팽개쳐 두고 성희롱만을 논하고 있는 거냐고 오해는 마시라. 여기서 말하는 '성희롱' 개념이란 업무상 발생한 성폭력범죄를 모두 아우르는 넓은 의미에서의 성희롱을 가리킨다.)

　수년 전부터 여성신문 지면을 통해 몇 차례 강조해 왔으나 이번에서야 비로소 사람들의 관심사로 떠오르게 된 쟁점 하나. 기관장 본인의 직접적 가해책임 유무가 다투어지고 있는 상황에 관해서「양성평등기본법」은 아무것도 말해주고 있지 않다는 불편한 진실. 법이 놓쳐 왔던 맹점을「양성평등기본법」의 개선입법으로 메워 나가는 것도 필요하겠지만, 일단「민법」제35조 제1항을 적극적으로 활용해 보면 어떨까. 법인 대표자의 직무상 불법행위는 당연히 법인 그 자체의 불법행위 책임으로 간주한다는 바로 그 논리.

　대표자의 성폭력 행위로 인한 책임을 위 민법 조항을 근거로 하여 법인 그 자체의 불법행위 책임으로서 인정한 선례를 찾기는 쉽지 않다. 게다가 순수하게 법리적으로만 따지고 든다면 위 조문상의 '직무'와 성희롱의 개념요소인 '업무관련성'을 등가적인 것으로서 볼 수 있는지, 혹시 위 조문은 말 그대로 대표자의 '직무상 대표행위'가 불법행위인 경우만을 한정적으로 서술하고 있는 것이어서 성폭력 행위가 여기에 포섭되기 어려운 것은 아닌지 등 율사들의 복잡다기한 논쟁거리가 여전히 남아있는 것도 사실이다.

　그러나 전향적으로 자구를 읽어보자면 해석상 이와 같은 논리구성이 완전히 불가능하다고만 볼 이유는 없을 것 같다. 더구나 법인 자체에 대해서 불법행위 책임을 묻는「민법」제35조 제1항에는「민법」제756조의 사용자 책임과는 달리, 법인을 면책할 수 있는 경우에 관한 단서도 없다. 그래서 피해자 입장에서라면「민법」제35조 제1항이 더욱 유리하다고 볼 수도 있다. 이처럼 동원 가능한 수단이 없는 것도 아니라면 피해자 보호를 위해서 이를 활용할 필요가 있지 않을까. 아니면 적어도 피해자 보호를 위한 향후의 개선입법에서라도 「민법」 제35조 제1항의 입법형식을 참조하여 피해자가 끝까지 책임추궁을 용이하게 할 수 있게끔 하는 근거조문을 마련해 둘 필요가 크지 않을까.

성폭력 피해자 보호와 공간분리 및 접근금지의 원칙

대학 내 인권센터는 성희롱·성폭력 피해자 보호를 위한 임시적 보호조치 규정을 자체적으로 마련해 두고 있는 경우가 많다. 조사가 계속되는 동안에도 2차 피해를 유발할 우려가 있는 행위를 즉시 중단하도록 요구한다거나 피해자와 피신고인을 분리하고 연락·접근 등을 하지 못하도록 하는 것이 주된 내용이다. 보복 등 위해 우려가 확인되지는 않더라도 피해자의 정신적 안정과 조속한 회복을 도모하기 위하여 공간분리와 접근금지를 우선 명한 이후에 관련 절차를 진행하는 것이 통상적이다.

「여성폭력방지기본법」이나 그 밖의 관계법령에서 일반조항으로써 공간분리와 접근금지를 기본적 원칙사항으로 직접 명시해 두고 있지는 않지만, 피해자와 가해혐의자의 분리는 우리 법질서가 승인한 일반적 원칙사항으로서 사실상 자리를 잡은 지 오래다. 예컨대 「성폭력방지법」은 사법경찰관리가 현장에 출동하여 조사 또는 질문하는 경우에 피해자·신고자·목격자 등이 자유롭게 진술할 수 있도록 성폭력 행위자로부터 그 피해자·신고자·목격자 등을 분리해 주어야 한다고 규정한다. 성폭력 사건의 형사재판에서 피해자가 증인으로 출석할 때 피고인을 법정으로부터 퇴정하게 해 피해자가 심리적 부담 없이 증인신문에 임할 수 있게 배려하는 것은 실무상 더 이상 특별한 일이 아니다. 공간분리나 접근금지라는 용어를 직접 사용하고 있지 않지만 「양성평등기본법 시행령」도 '가해자에 대한 인사조치 등을 통한 피해자 (…) 보호'라는 규정을 둠으로써 공간분리와 접근금지를 간접적으로나마 원칙사항으로서 확인하고 있다.

그렇지만 현행법을 꼼꼼히 살펴보자면 피해자 입장에서는 그 보호가 미흡하다고 느낄 만한 구석이 없지 않다.

「성폭력처벌법」 제23조는 피해자나 신고인 등에 관해서 「범죄신고자법」의 여러 규정을 준용하도록 정한다. 성폭력 피해자는 본인이나 그 친족 등이 보복 우려에 노출되어 있을 때 수사기관에 신변안전조치를 요청할 수 있고, 수사기관은 특별한 사유가 없는 한 즉시 조치를 취하게 되어 있다. 하지만 위 제23조의 제2문은 '보복을 당할 우려'를 요건으로 명시하고 있기에 객관적으로 그 보복 우려의 현존 여부가 분명치는 않지만 가해혐의자와 동선 등 공간이 꼭 분리되는 것만큼은 원하는 피해자라면 위 조문을 근거로 분리조치를 요청하기는 어렵다.

「청소년성보호법」 제41조는 검사로 하여금 피해 아동·청소년의 주거 등으로부터 가해자를 분리·퇴거하는 조치, 가해자 또는 가해자의 대리인이 100미터 이내에 접근하는 것을 금지하는 조치, 전기통신이나 우편물을 이용한 접촉의 금지를 법원에 청구할 수 있도록 정한다. 그런데 언제나 위와 같은 조치들을 청구할 수 있게 되어 있지 않고 '지속적으로 위해의 배제와 보호가 필요하다고 인정되는 경우'에만 청구할 수 있으며 심지어 검사가 그 조치를 청구하면 법원은 그에 관한 판결을 아동·청소년 대상 성범죄 사건의 판결과 동시에 선고하게 되어 있다. 그래서 본래의 범죄에 대한 판결이 선고되기 이전에 위 조항에 따른 보호조치를 먼저 받기는 어렵다.

　대법원의 양형기준에 따르면 합의를 시도하는 과정에서 피해자를 지속적으로 괴롭히거나 압력을 가하는 등의 행위는 일반 양형인자의 가중요소로 고려된다. 이에 따라 가해혐의자의 2차 피해 유발행위를 어느 정도 억지할 수 있는 것은 사실이다. 하지만 많은 피해자는 보복이나 그 밖의 위해 우려가 가시화되지는 않은 경우조차도 가해혐의자와 인접한 공간에 계속 머무를 수밖에 없는 등의 상황이라면 그 자체만으로도 불안해한다. 가해혐의자 측이 선임한 변호사가 합의를 위해 연락해올 때도 소스라치게 놀라면서 불쾌감을 호소하는 피해자도 적지 않다. 이처럼 적극적 괴롭힘이나 부당한 압력에 이르는 경우는 아니더라도 피해자의 안정과 회복을 위해 배려와 보호가 필요한 또 다른 영역은 분명 존재한다.

　이제라도 관련 법률에 공간분리 및 접근금지를 기본 원칙으로 명확하게 설정하는 일반조항을 마련하는 것은 어떨까. 합의를 위하여 피해자의 대리인에게 연락을 취하는 것은 금지사항에 해당하지 않는다는 취지를 동시에 적절하게 명기한다면, 가해혐의자의 방어권 행사를 지나치게 제약하는 흠도 발생하지 않을 것이다. 보복과 위해 우려 예방만이 피해자 보호의 전부가 될 이유는 없지 않은가.

피해자의
정신적 안정과
조속한 회복을 도모하기 위하여
공간분리와 접근금지를
우선 명한 이후에
관련 절차를 진행하는 것이
통상적입니다

'보이지 않는 성희롱'도 성희롱이다

아직 드러나지 않은 게 더 많을 것이다. 어느 대학에서 있었던 사건의 기억이 채 가시기도 전에 또 한 번 언론을 통해 알려진 사건. 동기, 선후배 여학생을 대상으로 삼은 '카카오톡' 채팅방의 입에 담기조차 민망한 음담패설 공유 사건 말이다. 추측건대, 사안이 이미 드러난 학교 이외의 다른 대학에서도 밝혀지지만 않았을 뿐 비슷한 일이 지금도 일어나고 있을지 모른다. 이 사안에 우리가 모두 관심 가져야 하는 이유가 바로 여기에 있다.

누군가 물을지도 모른다. 혈기왕성한 젊은 사람들끼리 그저 농담 몇 번 한 걸 가지고 지나친 반응을 보이는 것 아니냐고. 면전에서 한 일도 아니고 자기들끼리의 비밀스러운 공간에서 보이지 않게 주고받은 것일 뿐인데 그걸 가지고 제재하는 것이 과연 맞는 일이냐고.

그렇다. 머릿속, 마음속으로 혼자만 품고 있는 생각이야 어떻게 탓할 수 있겠는가. 어느 누구일지라도 외부적·물리적으로 현출되지 아니한 그의 머릿속 생각은 완전한 자유의 영역이다. 그리고 모종의 성적 환상이 그 내용에 따라서는 혹시 부도덕하다고 지탄받을 수는 있을지언정, 도덕적으로 비난받을 수 있다는 것이 반드시 처벌이나 제재를 받아야 한다는 뜻은 아니다.

하지만 우리는 판단할 수 있다. 합리적인 상식인의 관점에서 어떤 말이 사회적으로 용인 가능한 '농담'에 해당하는지 아니면 그 한계를 넘어선 성희롱에 해당하는지를 말이다. 더구나 마음속에 담겨 있던 것이 말이나 문자의 형태로 표출되었다면, 이는 더 이상 '자유'의 영역에 있는 것이 아니라 '책임'의 영역으로 진입하게 된다. 마음속에 있는 것을 제재할 수는 없더라도 그것을 외부적·객관적으로 드러낸 것에 대해서는 책임 여부를 물을 수 있다.

2006년께 국가인권위원회는 "면전에서 있었던 성적 언동이 아니라 하더라도 성적 불쾌감을 줄 수 있고 간접적으로라도 피해자에게 그 내용이 전달될 수 있다면 정신적 스트레스를 유발할 수 있고 근무환경 자체를 악화시킬 수 있으므로 성희롱으로 보아야 한다"라고 판단했다. (국가인권위원회 06진차465 성희롱) 모르긴 해도 이 사건의 가해자는 자신의 말이 피해자에게 전달될 것으로는 생각지 못했을 수도 있다. 그 내용이 어딘가에 기록되어 남겨진 것도 아니다. 하지만 피해자는 결국 그 내용을 알게 되었고 마음의 상처를 입었다. 카카오톡 채팅방의 경우도 이 사례와 다르지 않을 것이다. 처음부터 공개되어 있지는 않았더라도 결국 이처럼 드러나게 되었고, 피해자들에게 상처를 입히게 되었다.

누군가를 성적 대상화하고 누가 보더라도 성적 불쾌감과 모욕감을 유발할 수 있을 만한 내용을 은밀하게 공유하는 것의 더 큰 문제는 그것이 잘못된 성 인식의 고착화와 그로 인한 혐오와 차별, 폭력의 구조를 끊임없이 재생산해낸다는 데에 있다. 내 앞에 있는 '사람'을 하나의 '대상'으로 격하시키는 것인데 이로부터 어떻게 '존중'이 가능할 수 있겠는가?

성인(聖人)들만 모여 사는 '도덕적 사회'를 이루자는 말이 아니다. 하지만 누군가가 자신도 모르는 사이에 타인으로부터 존엄성을 능멸당할 수 있는 인권침해적 '야만사회'로부터는 최소한 벗어나야 하는 게 우리 모두에게 주어진 당위일 것이다.

N번방, 조직범죄로서의 성착취

　모두를 경악케 했던 이른바 'N번방' 사건에 대한 제1심판결이 얼마 전 선고되었다. 그 피고인들 각각에 대해서 개별적인 범죄사실만을 기준으로 유죄가 인정된 것이 아니라 「형법」 제114조에 따른 범죄단체조직죄가 인정되었다는 점이 특기할 만하다.
　범죄단체조직죄는 공공의 내적 안전 또는 공공의 평온을 그 보호법익으로 삼는다. 범죄를 목적으로 하는 단체나 집단을 조직하거나 가입하였다면 범죄가 성립한다. 설령 목적으로 삼은 범죄의 실행에까지는 이르지 않았더라도 범죄단체 조직죄는 여전히 유죄다.
　대법원은 올해 8월, 무등록 중고차 매매상사를 운영하면서 피해자들을 속여 중고차량을 불법으로 판매함으로써 돈을 편취할 목적, 즉 사기범행을 반복적으로 실행할 목적으로 대표, 팀장, 출동조와 전화상담원 등의 역할을 분담한 결합체를 조직한 경우가 「형법」 제114조가 정하는 '범죄를 목적으로 하는 집단'에 해당한다고 판시한 바 있다.***
　법은 '단체'와 '집단' 개념을 구분해 두고 있는데, 대법원은 법에서 명시하는 '범죄를 목적으로 하는 집단'이란 최소한의 통솔체계를 갖출 필요도 없고, 범죄의 계획과 실행을 용이하게 할 정도의 조직적 구조를 갖춤으로써 구성원이 역할분담에 따라서 범죄를 반복적으로 실행할 수 있다면 족하다고 판단했다. 적극적으로 '단체'를 구성한 것은 아니라도 범죄집단 개념에 포섭될 수 있는 경우란 충분히 상정 가능하다는 말이다.

*** 이 칼럼은 2020년에 공간된 것입니다.

이번 사건에서 법원은 피고인들이 아동·청소년 등을 협박하여 성착취물을 제작·배포한다는 사실을 인식하고서도 오로지 그 범행을 목적으로 구성·가담한 조직이 존재했었던 것임을 인정했다. 설사 피고인 중 1인이 실제로는 가상화폐를 제공하지도 않으면서 다른 피고인들을 속였다거나, 1인이 그 범행을 단독으로도 실행할 수 있어 그 피고인들 전원이 반드시 합세하고 참여하지 않았다고 해도 범죄집단의 성립 인정에 아무런 장애가 없다는 점을 분명히 했다. 그래서 주범인 피고인에 대해서는 징역 40년, 전자장치 부착 30년 등의 매우 엄중한 형이 선고되었다.

이 밖에도 이 사건 이후로 여러 가지가 달라졌다. 종전에는 법조문상에서 '아동·청소년이용음란물'이라고 부르던 것을 이제는 '아동·청소년성착취물'이라는 용어로 지칭하게 되었다. 그 행위가 위법·부당한 '착취'임을 분명하게 한 것이다. 아동·청소년성착취물을 구입하거나 아동·청소년성착취물임을 알면서 소지·시청하였다면 1년 이상의 징역에 처할 수 있는 근거도 마련되었다. 「성폭력처벌법」에 촬영물 등을 이용한 협박·강요 처벌조항도 신설되어, 협박의 경우에는 1년 이상의 유기징역 그리고 그 협박으로 사람의 권리행사를 방해하거나 의무 없는 일을 하게 했다면 3년 이상의 유기징역에 처할 수 있게 되었다.

적지 않은 변화가 뒤따랐고 조직적 악행임을 확인하여 중형을 선고한 법원 판결도 있었다. 그러나 이것만이 전부가 되어서는 안 될 것이다. 성폭력 근절을 위한 우리의 노력은 끊임없이 계속되어야 한다. 부디 새해에는 마음 아픈 피해소식을 더는 듣지 않게 되기를.

박 변호사님, 이럴 땐 어떡하죠?

새로운 성폭력처벌법 규정들 함께 읽어보기

입법 공백이 여전히 너무나 많지만 다른 한편으로 성폭력은 그나마도 다른 영역에 비해 새로운 입법이 빈번하게 이루어지는 편이다. 이런 영역을 규율하는 법 조항들은 원래부터 여기저기에 어수선하게 흩어져 있어서 일목요연하게 파악하기가 어려웠다. 여기에 새로운 규정이 계속 생겨나다 보니 꾸준히 관심을 두고 지켜보지 않는 한 새 법이 생겼는지, 과연 어떤 내용의 법이 만들어졌는지 등을 알기가 쉽지 않았다. 하지만 법은 성폭력에 맞서는 가장 강력한 무기일 터, 법이 진실로 '모두의 법'일 수 있으려면 기본사항 정도는 변호사가 아니더라도 우리 모두 어느 정도는 알고 있는 편이 좋겠다.

얼마 전 받은 새 질문이다. "변호사님, 가해자가 직접 촬영하지 않은 경우에도 「성폭력범죄의 처벌 등에 관한 특례법」(성폭력처벌법)에 따른 처벌대상이 될 수 있는 경우가 있나요?" 바로 이런 순간이 법전 속 규정 전반을 꼼꼼히 살펴보아야 할 때다.

종전에도 법은 의사에 반하는 촬영행위뿐만 아니라 의사에 반하여 촬영된 촬영물의 반포·판매·임대·제공 또는 그 촬영물을 공공연하게 전시·상영하는 행위를 별도로 처벌해 왔다. 2018년 12월 18일 개정·시행된 「성폭력처벌법」 카메라등이용촬영죄 조항은 새로운 개념을 추가하여 논란의 소지를 더욱 줄였다. 이전까지는 '촬영물'의 반포 등 행위를 처벌대상으로 명시했던 내용을, 그 촬영물의 '복제물'을 의사에 반하여 함부로 반포하는 등의 행위까지도 명문상의 처벌대상으로 포함한 것이다.

성희롱·성폭력, 여러 관점에서 다가가 보기

　이에 더하여 2020년 5월 19일 법 개정에서는 촬영물에 등장한 사람이 '자신의 신체를 직접 촬영한 경우'와 더불어 그 촬영물 또는 복제물을 촬영된 사람의 의사에 반하여 반포 등의 행위를 한 경우도 처벌대상임을 분명히 했다. 따라서 본인이 직접 촬영행위를 한 당사자는 아니더라도 그 촬영물 또는 촬영물의 복제물을 촬영대상자의 의사에 반해서 함부로 유포한 사람을 처벌할 수 있는 근거가 있음은 명백하다.

　그리고 올해 5월 19일의 법 개정으로**** '불법촬영물' 또는 그 촬영물의 복제물을 소지, 구입, 저장 또는 시청만 하였더라도 3년 이하의 징역 또는 3천만 원 이하의 벌금에 처하게 되었다. 이 규정은 같은 날인 올해 5월 19일부터 시행되었다.

　게다가 최근의 「성폭력처벌법」 개정으로 허위영상물에 관한 처벌근거도 신설되었다. 「성폭력처벌법」 제14조의2, 흔히 '지인능욕'이라고 불려 왔던 편집된 영상물 등의 경우를 규율하는 새 조항이다. 법 해석상 이제까지는 형사처벌 대상에 해당하기 어려웠던 행위 양태들이었지만, 위 규정의 시행일자인 올해 6월 25일 이후에는 본인이 직접 '촬영'한 것이 아닌 촬영물, 영상물이나 음성물을 그 대상자의 의사에 반해서 성적 욕망 또는 수치심을 유발할 수 있는 형태로 편집이나 합성, 가공만 했더라도 5년 이하의 징역 또는 5천만 원 이하의 벌금에 처하게 된다. 그 미수범도 처벌된다.

　「성폭력처벌법」 제14조의3에서 촬영물이나 복제물을 이용한 협박이나 강요를 처벌할 수 있는 근거도 마련되었는데, 형법상의 협박 또는 강요의 경우는 법정형의 상한선이 정해져 있으나 위 제14조의3에서는

**** 이 칼럼은 2020년에 쓴 글입니다.

법정형의 하한선을 정해두고 있다는 차이가 있다. 그렇기에 이론상 형법상의 협박·강요보다 훨씬 무거운 처벌도 가능하다.

따라서 위 질문에 대한 답변. 지금 시점을 기준으로 관련법 규정에 따를 때 가해자가 직접 촬영을 하지는 않았더라도 형사처벌이 가능한 경우의 수는 위에서 살펴본 바와 같은 여러 가지가 있다.

조금은 다른 이야기가 되겠지만, 올해 5월 19일의 법 개정으로 특수강도강간, 주거침입강간, 특수강간 등 법에서 직접 열거하고 있는 다수의 성폭력범죄 유형에 대한 예비·음모 행위가 새롭게 처벌대상이 되었다는 점도 주목해 볼 만하다. 이른바 '신림동 강간미수' 사건과 같은 경우를 염두에 둔 규정으로 보인다. 재판 실무상으로는 어떠한 사실관계까지를 예비·음모 행위로 인정할 수 있느냐는 쟁점이 주로 다투어지게 될 것으로 예상한다.

이처럼 최근 「성폭력처벌법」에 몇 가지 개정 및 신설이 이루어져 그 형사처벌의 범위가 이전보다는 더욱 확장되었다. 다만, 형벌규정이 새로 마련되었다고 해서 과거의 모든 행위가 처벌 대상이 되는 것은 아님에 유의할 필요가 있다. 우리 헌법과 형법은 '행위시법주의'를 취하고 있다. 즉, 문제 되는 행위가 있었던 시점에 처벌근거가 되는 형벌규정이 시행되고 있었어야만 비로소 형사처벌이 가능하며, 형벌규정을 그 규정의 시행 이전 시점으로 소급하여 적용하는 것은 불가능하다는 뜻이다. 예컨대 「성폭력처벌법」 제14조의2 규정이 신설되어 시행되기 이전에 벌어진 지인능욕 영상 편집행위나 그 편집영상물 등의 유포행위에 대해서 위 성폭력처벌법 규정을 적용하여 형사처벌을 할 수가 없다.

하지만 단념하기에는 아직 이르다. 위와 같은 「성폭력처벌법」 상의 형사처벌 규정이 마련되기 이전에 발생한 '지인능욕' 행위 또는 복제물의 무단 유포행위라 할지라도 이것이 특정 개인의 존엄성과 인격권을 중대하게 침해하는 위법·부당한 행위라는 근본 성격은 변하지 않는다. 그리고 다행스럽게도 법적 책임에는 형사책임만 있는 것은 아니다.

다시 말해 민사 불법행위책임에 관한 소멸시효가 완성되지만 않았다면, 비록 충분히 흡족하지는 않더라도 피해자로서는 가해자에게 그에 대한 법적 책임을 추궁할 길이 아직 열려있는 셈이다.

법조문을 꼼꼼히 읽어보기만 해도 누구나 자신의 침해받은 권리를 구제받을 수 있는 방도를 어렵지 않게 알 수 있다면 참 좋으련만, 그게 말처럼 쉬운 것은 아니기에 안타까운 측면이 있다. 어느 기자로부터 위와 같은 자문요청을 받은 후, 가장 기초적인 정보부터 차근차근 설명해 드리는 일이 급선무인 듯하여 오늘은 독자 여러분과 함께 최근 개정·신설된 중요한 법조문 몇 가지를 읽어봤다.

청소년 가해자 '보호'하는 아청법

「아동·청소년의 성보호에 관한 법률」(이하 본 칼럼 내에서는 '아청법')은 아동·청소년을 성범죄로부터 보호하고 이들이 건강한 사회구성원으로 성장할 수 있도록 하는 것을 목적으로 한다. 구체적으로는 "청소년 성매매를 조장하는 온갖 형태의 중간매개행위 및 청소년에 대한 성폭력 행위를 하는 자들을 강력 처벌하고 피해 청소년을 보호·구제하는 장치를 마련"하는 차원에서 지난 2000년 제정됐다. 그 명칭에서부터 아동·청소년의 '성보호'를 강조하고 있는 만큼, 성인이 아동·청소년에게 가하는 성매매와 성폭력 행위를 1차적으로 염두에 두고 만들어진 법이라고 생각된다.

　이처럼 아청법이 청소년을 우선 보호의 대상으로서 상정하다 보니, 이들이 중대하고 심각한 피해를 초래한 장본인일 경우 충분히 대응할 수 있도록 관련 규정이 마련돼 있는지는 다소 의심스럽다.

　만 19세 미만 청소년이 가해자일 경우에는 처음부터 피의자 신상공개 제도의 대상에서 완전히 배제된다. 사건의 실체적 내용과 피해의 심각성에 비추어 신상공개가 필요할 수 있는 상황임이 인정되더라도 공개는 불가능하다. 오로지 연령 때문이다. 아청법 제44조는 아동·청소년이 가해자인 경우의 처리에 관해 정하고 있다. 신속한 수사와 사건의 법원 소년부 송치를 의무화한 범죄는 강간이나 추행 등은 포함돼 있지만, 청소년이 또래를 상대로 아동·청소년성착취물 제작·배포죄 등을 범했다거나 성희롱 등 성적 학대행위를 한 경우는 빠져 있다.

　아동·청소년을 대상으로 성폭력 범죄가 인정되면 법원은 판결을 선고할 때 피고인에 대해 신상정보 공개 명령과 고지 명령을 선고해야 하는 것이 원칙이다. 하지만 이때도 피고인이 아동·청소년이면 공개 명령 등은 내려질 수 없다. 아청법은 '아동·청소년성착취물 제작·유포죄'를 아동·청소년 대상 '성범죄'로서는 규율하고 있지만, 아동·청소년 대상 '성폭력범죄'에서는 제외해 두고 있다. 그런 까닭으로 '아동·청소년성착취물 제작·유포죄'만으로는 공개 및 고지 명령의 대상이 되기 어렵다는 문제도 있다.

　(다만, 과거에는 그러하였으나 2025년 현재는 2020. 5. 19. 법 개정에 따라서 아동·청소년 대상 성범죄를 저지른 자의 경우에도 신상정보 공개 및 고지 명령의 대상에 해당하게 되었다. 본 칼럼을 서울신문에 기고한 이후의 일이다. 무척 다행스럽게 생각한다.)

'N번방' 사건으로 온 세상이 충격에 빠져 있다. 또 다른 성착취 영상 공유방의 운영자 중에는 만 16세도 포함돼 있다. 만 19세 미만인 자가 오히려 성인보다도 더욱 극악한 피해를 초래할 수도 있음을 여실히 보여 주는 씁쓸한 모습. 입법자들이 이처럼 전개될 오늘날의 현실을 과연 진지하게 고민했는지 의문이 크다.

그게 과연 진의에 기한 동의였을까요?

수년째 사건을 다루다 보니 엇비슷한 내용의 사례를 자주 접한다. 남녀 두 사람이 술을 먹다가 여성이 많이 취하게 되었다. 그러자 남성이 집에 데려다주겠다면서 어디론가 데리고 가서는 간음을 한다. 여성이 뒤늦게 그 사실을 알게 되어 문제를 제기했을 때 남성이 보이는 반응도 비슷하다. "그때 여성은 만취해 있지 않았고 멀쩡하게 자기 의사를 표현했어요!"

수년 전 내가 변론했던 어느 피고인의 이야기다. 후배 여직원을 포함해 몇 명이 회식 자리에 모였단다. 물론 술도 거나하게 몇 순배씩 마셨다고 했다. 회식을 마치고 집에 가자고 했는데 그 여직원이 세상만사 다 귀찮다는 듯이 가만히 앉아서 집에 가지 않고 있더란다. 때는 한겨울, 마침 이 피고인의 집이 그 회식 자리가 있었던 음식점에서 멀지 않았다. "당장 집에 들어가기 싫으면 우리 집에 가서 몸이라도 좀 녹이고 갈래?"

공교롭게도 그 피고인의 집이 오래된 연립주택 같은 곳이어서 엘리베이터가 없었는데 무려 5층까지 걸어 올라가야 했단다. 내가 물었다. "여성이 이미 인사불성이 된 상태에서 등에 업고 올라간 건 아닌가요?"

피고인이 되물었다. "변호사님은 다 큰 성인을 5층까지 등에 업고 올라가 보신 적이 있으신가요? 업고 갈 상황이면 차라리 엘리베이터 있는 모텔에 가지, 제가 미쳤습니까?" 곰곰이 생각해 보니 그 말도 일리는 있었다. 심지어 사건 당시에 피고인의 모친과 누이도 집 안에 같이 있었다고도 했다.

그리고 피고인은 결정적인 주장을 덧붙였다. "변호사님, 그때 그 친구는 집안까지 멀쩡하게 잘 걸어 들어갔고요. 물 한 잔 달라고 해서 방에 먼저 들여보낸 후에 물 잔을 들고 방으로 들어갔더니 혼자 옷을 벗고 있길래, 하고 싶냐고 제가 물어봤죠. 저는 그 대답을 듣고서 성행위를 했던 것뿐이에요."

피고인의 말에도 수긍할 만한 점이 있다고 생각해 피고인의 주장을 토대로 변론을 했다. 결과는? 재판부는 변호인의 주장을 하나도 믿어주지 않았고 피고인은 구속됐다.

남성의 입장에서는 간혹 정말로 억울한 경우도 없지 않을 것이다. 사고와 행동을 스스로 제어하지 못할 정도로 상대방이 술을 많이 마셨던 줄은 미처 모른 경우도 세상에는 없지 않을 것이고, 그런 상태에서 상대방이 최소한 겉보기에는 멀쩡해 보이는 모습으로 대꾸와 반응을 한 경우도 또한 없지 않을 것이다. 참으로 어렵고도 복잡한 문제다.

하지만 여기서 우리는 적어도 두 가지는 생각해 볼 수 있을 것이다. 단지 기분 좋을 정도로만 적당히 술을 몇 잔 마신 수준이 아니라, '부어라 마셔라' 하는 상황에서 '죽자 살자' 마시다 보면 사람은 당연히 술에 취할 수밖에 없다. 술을 상당히 많이 마셨음이 명백한 상태에서라면 동의를 표현했다는 것이 과연 그 사람의 진의라고 함부로 단정해도 좋을까? 그렇지는 않다는 점만큼은 모두가 수긍할 수 있을 것이다.

한 가지 더. 위와 같이 상당량의 술을 이미 마신 상태였음에도 상대방이 진심으로 동의를 한 것으로 판단하고 행동으로 나아갔다면 동의가 실제로 있었음을 주장하는 쪽에서는 다음의 물음에 충분한 해명이 있어야 마땅하지 않을까. "그런데 말이죠. 상대방이 그렇게 멀쩡해 보이고 말도 다 하고 걸음도 정상적이었다고 했는데, 그러면 애초에 집에까지 데려다줘야겠다고 생각한 이유는 대체 뭔가요?" 진실은 이에 대한 대답 속에 숨어있으리라.

당신이라면 어땠을까요?

'높으신' 양반과 둘이서 저녁을 먹는 자리였다. '나'는 그분보다 30살이나 어린 신입직원이다. 입사한 지 얼마 되지도 않은 나를, 지체 높은 분이 왜 따로 불러내어 밖에서 밥을 먹자고 하는 건지 의아했다. 하지만 내가 무슨 힘이 있나. 나오라면 나갈 수밖에.

시간이 지나면서 점점 분위기가 기묘해져만 갔다. 조금 지나니 이 인간께서는 "애인이 있느냐?" "나 같은 사람은 네 남친으로 어떻겠느냐?" "둘만 있을 땐 오빠라고 불러 달라" 라면서 나를 "이쁜이, 우리 이쁜이"라고도 부르며 수작을 걸어오기 시작했다. 급기야는 "나랑 뽀뽀하자" "안고 뒹굴고 놀자" "성생활을 가르쳐 줄게" "다른 건 몰라도 선은 넘지 않을게" 운운하는, 한마디로 기가 막히고 코가 막힐 노릇인 성희롱 발언을 계속 뿜어댔다.

온몸의 혈관에서 분노의 역류가 느껴지면서 '이 인간이 미쳤나, 아니면 노망이 나셨나!'라는 말이 목구멍 끝까지 솟구쳐 나오기도 했지만,

이제 갓 입사해 채 몇 달도 되지 않은 내가 차마 이런 말을 거침없이 내뱉을 수가 없었다. 그저 당장에 도망가고픈 마음을 꾹 누르고, 말 같지도 않은 이런 헛짓거리가 한시라도 빨리 끝나기만을 바라며, 끝없이 쏟아지는 성희롱에도 태연한 척 다른 주제로 화제를 돌릴 수밖에는. 저 추악한 면상에 '김치 싸대기'를 '시전'하고 싶은 생각이야 앉은 자리에서 수십 번도 더 했지만, 어쩌랴, 나는 내일도 이 인간의 하급직원으로 출근해야 하는 것을.

아무리 이 풍진세상 곳곳에서 성희롱이 횡행하고 있다고 한들 설마 저 정도로 어처구니없는 일이 진짜 있었을까 싶기도 하다. 그러나 놀랍게도 위의 이야기는 실제 사례 몇 가지를 조금씩 버무린 것이다. 현실은 이토록 우리의 상상을 초월한다. 법의 이름으로 철퇴를 가해야 마땅할 진짜 가해자들은 이처럼 세상에 아직도 수두룩하다.

성희롱·성폭력 예방 교육 내용 중에는 대개 이런 것이 있다. 불쾌하고 모욕적인 발언이나 행동이 있거나 있을 우려가 있는 때에 그에 대한 거부의사를 표시하는 것이 피해의 발생 또는 그 확대를 막을 수 있는 방편이 된다는 것. 더 나아가 이를 통해서 또 다른 누군가에게 비슷한 피해가 발생하게 되는 일을 사전에 막을 수도 있다는 것.

틀린 이야기는 아니다. 하지만 조금은 위험한 가르침이기도 하다. 왜냐하면, 자칫 피해자 스스로 '내가 그때 거부의사를 표명하지 못한 것 때문에 일이 이 지경에 이른 건 아닐까?'하며 자책하게 되는 단초가 될 수도 있을 것이기 때문이다. 그러나 이견의 여지 없이 명백한 바, 모든 성희롱·성폭력은 오롯이 가해자의 탓일 뿐 피해자가 스스로를 책망할 이유는 어디에도 없다. 조금도 없다. 그렇기에 사견이지만, 거부의사를 표현하는 게 바람직하지만, 오히려 거부의사를 곧바로 표현하지 않았다 해서 피해자가 자책할 이유는 단 한치도 없다고 알려주는 일이 더욱 더 절실하다고 본다. 피해자들은 중대한 피해를 입은 경우일지라도 그 모욕감과 굴욕감을 제대로 표현하지 못하는 때가 아주 많기 때문이다. 같은 이유에서, 누군가가 설령 겉으로는 웃는 낯을 하고 있더라도 그것이 특정의 말과 행동에 대한 긍정이나 동의의 의미가 아닐 수 있다는 사실을 정확하게 알리는 일 또한 중요하다.

가해자들은 종종 이런 반론을 제기한다. "그 자리에서 성희롱이 정말로 있었다면 왜 그때는 거부의사를 표현하지 않았던 거죠? 누구나 다 함께 웃고 떠들며 즐거워하는 분위기였다고요! 그 피해자라고 하는 사람도 마찬가지였어요. 성희롱 같은 거 없었어요!" (네. 그건 너만의 착각이십니다.) 마음이 무거워지는 진실이지만 아직도 이런 식으로 피해자에게 질문을 던지는 주변인들도 있다. "그때 그 자리에서 거부의사를 표시하신 적이 있나요? 왜 안 했지요? 그때 곧바로 불쾌하다고 하셨으면 상황이 좀 달라지지 않았을까요?" (무슨 말인지는 알겠는데, 깊은 상처에 다시 소금을 뿌리고 있다는 건 혹시 알고 계신지요?) 더욱 서글픈 일이지만 이런 질문을 해 오는 이들도 있다. "제가 좀 불쾌한 일을 겪었는데요. 근데 한 가지가 마음에 걸려요. 그 자리에서는 아무 표현이나 내색을 못 했지만 지금도 문제제기할 수 있는 건가요?" (그럼요! 지레 우려하셔야 할 아무 이유도 없습니다!)

생각해 보자. 엄청나게 높은 직급의 임원이나 관리직 같은 '힘 있고 영향력 있으신' 인간이 나이 어린 신입직, 비정규직 인턴 또는 학생 면전에서 실로 기상천외한 망발을 계속해 대고 있을 때, 그 자리에서 아무 고민도 없이 분연히 떨쳐 일어나 "입 닫으시죠. 골로 가시기 전에." 라고 말할 수 있는 사람이 몇 명이나 될까? 고백하건대 나조차도 그렇게 용기를 내기는 어려울 것 같다.

대법원은 성희롱 사건을 다룰 때 그 사건이 발생한 맥락에 서서 성차별 문제를 이해하라고 주문한 바 있다. 다른 누군가가 아닌, 바로 피해자가 처해 있는 독특하고 고유한 상황과 처지를 백분 고려하라는 취지다. '내가 바로 저 피해자였다면, 나라면 어땠을까?'라는 관점에서 피해자의 입장을 깊이 있게 이해해 보고자 최선의 노력을 다해야 한다.

왜 거부의사를 밝히지 않았냐고? 당신이라면 할 수 있었을까? 당신이 그 자리에 외로이 홀로 서 있어야 했던 바로 그 피해자 본인이었다면.

무관용 원칙과 과잉금지의 원칙

어느 대학에서 문의가 들어왔다. 그 대학 내에서 미리 정해 둔 징계양정 기준에 따르면 문제 되는 사실관계는 무기정학에 해당한다고 되어 있는데, 여러 상황을 고려했을 때 아무리 봐도 무기정학은 좀 과도해 보인다는 것이다. 이런 경우 설정된 내부기준을 따르지 않는 것이 위법하거나 부당한 것은 아닌지 검토해 달란다. 말하자면, 미리 정해져 있는 기준상의 하한선보다도 더 가벼운 양정을 하는 것이 가능하냐는 물음이다.

수년 전부터 성희롱·성폭력 사안에 관하여 널리 쓰이고 있는 용어가 있다. 바로 '무관용(zero-tolerance) 원칙'이다. 이 '무관용'이라는 말이 사람들의 머릿속에 깊이 자리 잡기 시작하다 보니 실무 현장에서는 종종 오해가 빚어지기도 하는 모양이다.

딱 봐도 오해가 있을 법한 측면이 있다. '무관용'이라고 하니, 무슨 내용의 성희롱·성폭력이든 구체적인 가해행위의 경중이 어떠하든 간에 사안이 일단 발생하였다면 가해자를 완전히 '갈아 마셔 버려야' 직성이 풀리는 느낌을 주는 것이 사실이다. '무관용 원칙 운운하더니 왜 가해자를 배제해 버리지 않느냐!'라는 거센 항의가 들어오는 모습도 때때로 본다.

어떠한 피해가 발생했든 피해가 실제로 발생했다면 그에 상응하는 적정한 조치가 반드시 있어야 한다는 관점에서 무관용 원칙은 매우 중요한 준칙이다. 절대로 성희롱·성폭력 사안의 은폐 또는 은폐 시도와 같은 일은 있어서는 안 된다는 지침이기도 하다.

그런데 우리가 함께 기억해야 할 또 하나의 원칙이 있다. 과잉금지의 원칙이다. 비례의 원칙이라고도 표현되는 이것은 공법(公法)과 사법(私法) 전 영역에서 통용되는 법의 일반원칙이자, 헌법상의 법치국가 원리와 헌법 제37조 제2항에 의거하여 인정되는 우리 헌법상의 일반원칙이다. 최고규범인 헌법상의 원칙이라는 것은 모든 법적 작용에 있어서 반드시 준수되어야 한다는 의미다. 헌법의 하위규범인 법률에 따른 원칙보다도 우선하는 원칙이라는 뜻이기도 하다.

법원은 이렇게 판시한다. 같은 유형의 위반행위라 하더라도 헌법상의 과잉금지의 원칙과 평등의 원칙에 비추어 볼 때, 그 규모나 기간, 사회적 비난 정도, 위반행위로 인하여 다른 법률에 따라서 처벌을 받은 사정이 있는지 여부, 행위자의 개인적 사정이나 위반행위로써 얻은 불법적 이익의 규모와 같은 여러 가지 요소를 종합적으로 고려하여 사안에 따라 적정한 처분 수위를 정해야 하고, 따라서 처분의 기준이 법규명령으로서 미리 정해져 있다고 하더라도 그에서 정하고 있는 내용을 최고한도로 하여 적정한 수위를 정해야 하는 것이라고.

그래서 위 질문에 대한 답변은 위법하지도 부당하지도 않다는 것이 된다. 거꾸로, 내부 기준을 그대로 따른답시고 개별적이고도 구체적인 제반 사정을 충분히 고려하지 않고 그 내용을 기계적으로 적용한다면 이 것이 오히려 과잉금지의 원칙과 평등의 원칙을 위배하여 재량권을 일탈· 남용하는 것이 될 가능성마저 있다.

그리고 비록 성희롱·성폭력에 해당하는 행위사실이 있었다고 하더라도 그 행위의 경중이 어떠한지, 가해행위의 반복성은 어떠한지, 피해자의 피해회복을 위해서 가해자가 어떤 노력을 얼마나 기울이고 있는지, 진정으로 뉘우치면서 반성하고 있는지, 2차 피해를 유발한 것은 아닌지 등 징계 또는 그에 준하는 조치의 내용과 양정을 결정할 때 종합적으로 고려해야 할 사항들은 아주 다양하다.

무관용 원칙에 따른다는 것이 우리나라의 최고 규범인 헌법에서 정하는 과잉금지의 원칙을 도외시해도 좋다는 뜻이 될 수는 없다. 근본적으로 무관용 원칙이라는 것은 모든 피해사실에 적정한 조치를 빠짐없이 취하고 사건의 은폐와 같은 그릇된 시도를 방지해야 한다는 의미로 이해되어야 한다. 이것이 실제로 발생한 구체적 사안의 경중과 상관없이 언제나 무조건 가해자를 영구적으로 퇴출시켜야 한다거나 반성과 태도 개선의 기회도 부여할 필요가 없다는 극단적인 의미로 오해되는 일은 없어야 한다.

중요한 것은 익명신고가 아니라 피해자 익명성 보호다

어느 토론회에 다녀왔다. 한 발제자가 성희롱·성폭력 등 사안에 대해 익명의 신고를 접수하여 사건을 처리할 수 있는 제도를 시급히 마련해야 한다고 주장했다. 나는 절대 안 될 말이라고 강하게 반박했다. 그런데 왜 이토록 익명신고를 극구 반대하느냐고?

아무리 진짜 가해행위를 한 악인이라 하더라도 충분한 방어권을 보장받아야 한다는 것은 우리 헌법과 법률에 따른 기본적 원칙이다. 그리고 반대신문(cross examination)에 관한 권리, 그러니까 피혐의자 측이 반박 취지의 질문을 던질 권리는 이 원칙의 준수를 위한 중요한 장치다. 법원이 재판절차에서 성폭력 피해자의 특별한 보호를 위한 여러 제도를 마련해 두고 있으면서도 다른 한편으로 가해자로 지목된 자의 반대신문권을 완전히 포기한 바는 이제껏 없었다. 이만큼이나 반대신문권의 보장은 중요한 것이다.

각 기관 내에서 자체적 징계처분을 위해 성희롱·성폭력 사안을 조사·심의하는 경우에는 피해자 보호를 위해 피해자와는 시·공간적으로 분리하여 피혐의자 진술조사를 진행하도록 권장하고 있고, 실제로도 통상 이와 같이 분리하여 진행한다. 징계절차가 법원의 재판과 동등한 성격을 갖는 것은 아니지만 불이익 조치를 결정하는 절차인 이상, 여기서도 피혐의자 방어권이 적절한 방식으로 충분히 보장되어야 하는 것은 당연하다. 그런데 징계실무에 있어서 위와 같이 제도가 운용되고 있다 보니 피혐의자의 반박 질의할 권리가 보장되기 어려운 측면이 있는 것도 부인하기는 어렵다.

더욱이 재판과 달리 법률전문가가 절차를 주재하는 것이 아니어서 피혐의자의 방어권 행사가 합리적 이유 없이 제약당하는 경우도 종종 발생하는 듯 보인다. 모 기업체에서 있었던 일이다. 얼마 전 필자가 변론의견을 제출했던 피혐의자 사례다. 성희롱으로 판단하기 어려워 보이는 사실관계를 피혐의자에게 소명 기회도 주지 않은 채 주먹구구식 자의적 판단으로 성급하게 성희롱이라고 다 결정해 버리고는 이런 결정에 불만이 있다면 이의를 제출하라고 했단다. 반박 질의 기회는커녕 소명조차도 이루어지지 않은 상태에서, 게다가 성희롱도 아닌 것을 성희롱이라고 하다니! 어디서든 어떤 절차든 이런 식으로 진행되어서는 안 된다.

현실은 아직도 이렇다. 그런데 거기에 더해서 이제는 피해자가 누군지, 정말 실재하는지조차 확인도 하지 않고 사건을 진행할 수 있게 하자고? 이건 어떻게 보더라도 너무하지 않나? "누구인지 알 수는 없지만, 아무튼 당신은 우리도 누군지 모르는 그 누군가를 만진 적이 있나요?" 이런 질문에 가능한 답변이 뭘까? "뭐요? 뭐라구요?"밖에 더 있을까? 아무리 진짜 나쁜 사람이라고 하더라도 '깜깜이 조사'와 '원님 재판'을 받아서는 안 된다. 그건 정의라는 미명하에 또 다른 부정의를 자행하는 것일 뿐이다.

익명신고는 현행법 제반 규정상의 여러 원칙에도 어긋나는 것으로 보인다. 「국가인권위원회법」은 진정이 익명이나 가명으로 제출된 경우에는 조사의 진행 없이 그 진정을 각하하도록 정한다. 「공익신고자 보호법」에서도 마찬가지다. 공익신고는 반드시 공익신고자의 이름, 주민등록번호, 주소 및 연락처 등 인적사항을 기재하여 신고하여야 함이 일차적 원칙이다. 「성폭력범죄의 처벌 등에 관한 특례법」에서는 피해자 보호를 위해 수사와 재판 진행 중에 신상 등 인적사항을 조서나 그 밖의 서류에서 공개하지 않도록 하고 가명을 사용할 수 있도록 허용하고 있지만, 검사나 사법경찰관 등 수사 주재자가 피해자의 정확한 신원을 확인하는 절차는 생략하지 않는다. 당연하다. 어떠한 경우에도 '깜깜이 조사'가 이루어져서는 안 되는 것이기 때문이다.

문제점은 또 있다. 성희롱·성폭력 사건의 실체적 진실 확인에 있어서 피해자 진술의 일관성과 구체성은 무엇보다도 중요한 기준이다. 익명으로 신고가 들어왔고 이를 접수했다고 치자. 그러면 피해자의 추가 진술은 어떻게 확보할 것인가? 일회적 진술만으로 조사를 끝내라는 것인가? 누군지 알 수도 없는 그분에게 미심쩍은 부분에 관한 추가 사실확인을 어떻게 하라는 것인가? 방도가 없다. 그런 까닭으로 익명신고만으로는 진술의 일관성 여부 판단이 불가능하다.

일관성 확인은 어렵더라도 구체성이 확인될 수만 있다면 문제 될 게 없지 않냐고 반론할지 모른다. 아니다. 구체성도 당연히 문제가 된다. 불편한 진실이지만, 나는 객관적인 여러 반대증거에 비추어 보았을 때 사실이라고 믿을 수 없는 내용을, 그러니까 거짓말을 아주 구체적으로 그럴싸하게 기술한 사례를 본 적도 있다. 겉보기에는 정말 그럴듯하기도 했다. 다시 말해 소스라칠 정도로 구체적이라 하더라도 그것이 사실과는 엄연히 다를 수도 있다.

그래서 일관성과 구체성은 함께 평가될 필요가 있다. 구체적인 듯해도 실제 있었던 일과 다른 내용을 꾸며낸 것이라면 세세한 여러 질의사항 속에서 허점이 드러나기 시작할 것이기 때문이다. '그럼에도 불구하고' 일방으로부터의 익명신고, 그러니까 추가 조사도 불가능한 단 한 번의 진술만을 막연히 믿고서 제재나 처벌을 하라고? 절대로 동의할 수 없는 주장이다.

피해자의 아픔과 두려움을 모르는 바 아니다. 안타까운 마음이 훨씬 더 크다. 왜 스스로 드러내기를 두려워하는지 그 마음을 이해하고 공감한다. 지금까지도 우리 사회가 피해자를 제대로 보호해 주지 못한 탓이다. 우리의 책임이다. 100건의 익명신고가 있다고 해 보자. 그 가운데 아마도 90건 이상은 어느 정도의 과장이 보태어져 있건 아니건 일단 대체로는 사실일 것이라 생각한다.

그러나 그 100건 중에 단 1~2건이라도 무고 내지 음해성 신고가 섞여 있을 수 있다면? 애꿎게 가해자로 몰린 그 억울한 1~2명에 대해서는 무어라고 할 것인가? 미안했다고? 정의를 세우는 도중에 발생한 부수적 피해(collateral damage)일 뿐이었으니 부디 양해해 달라고? 아니면, 당신의 '고귀한 희생'에 감사한다고? 그럴 수는 없는 법이다. 어떠한 이유에서도 그래서는 안 되는 것이다.

꼭 기억해야 한다. 이건 통계나 확률의 문제가 아니다. 100개 중 90개만 맞춰도 되는 게임도 아니다. 오판 가능성은 늘 있다. 하지만 처음부터 제도 그 자체의 내재적 본질상 단 한 명이라도, 오로지 단 한 명이라도 억울하게 누명을 쓰는 사람이 나올 수 있고, 이런 오판 가능성을 '그 제도 자체적으로는 도저히' 막아낼 방법이 없는 구조라면 그러한 시스템은 어떠한 명분으로도 채택되어서는 안 된다고 본다. 90명의 정의를 위해 1명에 대한 부정의를 용인할 수는 없다. 영화 〈재심〉을 보며 눈물을 흘리고 마음 아파했던 사람이라면 익명신고라는 달콤한 유혹에 빠져서 함부로 손을 들어주어서는 안 된다.

피해자가 두려움 없이 문제를 제기하고 신고할 수 있는 여건을 조성해 주는 것이 무엇보다도 중요하다. 대외적 익명성 보호, 그러니까 피해사실이 함부로 공표되거나 누설되는 일이 없으리라는 분명한 신뢰를 줄 수 있어야 한다. 조사 절차 내부적으로도 가명사용 등으로 그 익명성을 최대한 보장해 주어야 한다. 피해자에게 도리어 불리한 처우를 하거나 피해자를 모욕하고 명예를 훼손하는 자는 최대한 단호하고 엄중한 제재로 다스려야 하는 것 또한 마땅하다. 그러나 익명신고의 길을 열어주는 것은 올바른 길이 될 수 없다고 확신한다. 피해자 익명성 보호는 익명신고 없이도 가능하다. 등이 가려운데 배를 긁고 있어서는 안 된다.

중요한 것은
익명신고가 아니라
피해자 익명성 보호다

이게 '성희롱 2차 피해'가 맞기는 한 건가요?

실무 현장의 이야기를 듣다 보면 정말 많은 것을 새로 배운다. 이제껏 생각지도 못하고 무심결에 넘어가 버렸던 쟁점이 현장의 목소리 속에서 툭툭 튀어나온다. 법이 흥미로운 건 실제 사례 속에서 온갖 쟁점이 샘솟듯 나오기에 이 문제들을 해결하려고 골똘히 머리를 굴려야 하기 때문인지도 모르겠다. (흥미로워하는 것까지는 좋은데, 지금까지는 왜 생각못 하고 멍하니 넘겨버렸느냐고? 다른 이유는 없다. 그저 나의 무지몽매함이랄까. 원래부터 몽매한 매력이 철철 넘친다는 진부한 사실.)

"제3자가 성희롱 피해발생 사실을 피해자 동의 없이 공개적으로 게시해 버렸는데, 이게 2차 피해인가요?" "네, 2차 피해입니다" 여기까지는 식은 죽 먹기. 하지만 언제나 그렇듯이 진짜 쟁점은 막판에서야 등장한다. "그런데요, 고충처리 신고접수가 안 된 시점에 이런 일이 터졌어요. 피해자도 신고를 안 했고, 다른 사람도 신고를 안 했대요. 「양성평등기본법」 조항을 저희가 들여다보니까 아무래도 꺼림칙해요." 음, 뭔가 녹슨 머리에 기름칠해야 할 시점이 온 듯한 느낌적인 느낌!

「양성평등기본법」 제31조 제5항은 국가기관 등의 성희롱 사건 은폐, 성희롱에 관한 국가기관 등의 고충처리 또는 구제과정 등에서 피해자의 학습권·근로권 등에 추가 피해가 발생한 경우에 그 관련자에 대한 징계처분을 정해두고 있는 조문이다. 말인즉, 질문의 요지는 이런 거다. 법은 '고충처리 또는 구제과정 등에서 발생한 추가 피해'라고 규정하고 있는데, 고충신고가 접수된 적이 없었다면 '고충처리 또는 구제과정 등에서 발생한 피해'라고 볼 수는 없는 것 아니냐는 의문이다. 예리하다. 답할 가치와 이유가 충분한 물음이기도 하다.

　징계처분은 형사처벌과 법적 성격이 다르기는 하지만 당사자에 대한 불이익한 제재임은 분명하기에 징계 관련규정도 가능한 한 엄격하게 해석하는 것이 필요하다. 징계처분 이후에 피징계자 측이 불복한다면 위와 같은 쟁점을 파고들어 공격해 올 소지가 있음은 물론이거니와, 근거 없이 함부로 조치를 취할 수도 없는 법이다.

　자, 그러면 위와 같은 사안은 법에서 정하는 2차 피해로는 볼 수 없는 걸까? 「여성폭력방지기본법」 제3조 제1호와 제2호는 성희롱·성폭력 등의 피해를 입은 사람을 피해자로 정의한다. 피해사실을 고충처리절차 등에 정식으로 신고접수한 사람만을 피해자로 보고 있는 것이 아니다. 그리고 같은 법 제14조 제3호에 따라서 피해자는 '2차 피해'로부터 보호받을 권리를 인정받는다. 성희롱이나 성폭력 피해가 일단 발생하였다면 그 피해가 발생한 시점부터 피해자는 2차 피해로부터 보호받을 법률상의 권리를 보유하는 것이지, 피해자임에도 불구하고 단지 신고접수를 하지 않았다는 이유에서 2차 피해로부터 보호받을 권리가 부인되는 것도 아니다.

　그리고 같은 법 제3조 제3호 가목은 '수사·재판·보호·진료·언론보도 등 여성폭력 사건처리 및 회복의 전 과정에서 입는 정신적·신체적·경제적 피해'를 2차 피해로 본다는 포괄적 조문을 두고 있다. 고충신고를 하지 않은 피해자라 하더라도 피해가 발생한 이상 그에 따른 '회복'의 과정은 당연히 거쳐야 하기에 위 조문이 말하는 '회복'이라는 것이 공식적인 사건처리 절차에 뒤따르는 '회복'만을 한정적으로 가리킨다고 보기는 어렵다. 그래서 위 문언은 '여성폭력 사건처리의 전 과정 및 여성폭력(으로부터) 회복의 전 과정에서 입는 피해'라고 읽어야 한다고 본다.

만일 위에서 말하는 '회복'이 공식적 사건처리에 부수적으로 뒤따르는 '회복'에만 국한된다면, 성희롱 피해를 입었음에도 신고접수를 하지 않은 법률상 피해자 신분인 사람에게 완전히 같은 종류의 또는 유사한 추가 피해가 발생하더라도 유독 이 경우는 법률상의 2차 피해로는 볼 수 없다는 결론이 나온다. 하지만 이는 입법 취지에 비추어 볼 때 상당히 기이하다고 볼 수밖에 없다.

여러 유관 법령이 2차 피해 관련 규정을 마련하고 있는 근본 취지도 함께 고려한다면 피해자에게 그 성희롱 사건으로부터 파생하여 추가적 피해가 발생한 일반적 경우를 모두 2차 피해로 보아야 함이 온당할 것으로 생각된다. 「양성평등기본법」 제31조 제5항도 사실, '고충처리 또는 구제과정'이라고 못 박아 두고 있는 것은 아니며 '고충처리 또는 구제과정 등'으로 명기하고 있기에 해석을 통한 적용범위 확장의 가능성이 닫혀있는 것도 아니다.

내가 인권자문위원으로 있는 포스텍(포항공대)의 경우에는, 일찍부터 '2차 피해'를 '성희롱·성폭력 사건이 발생한 이후, 해당 피해사실과 관련되고 그로부터 파생하여 제3자 또는 피신고자에 의하여 피해자 등에게 추가적으로 발생하는 피해'라고 정의하면서, 피해자·신고자 또는 해당 사건에 관한 사실이나 허위사실을 유포하여 피해자 또는 신고자의 명예를 훼손하거나 피해자 또는 신고자를 모욕하는 행위 등을 비롯한 몇 가지를 구체적으로 예시해 두었다. 고충처리절차 상에 사건이 접수되었느냐 그렇지 않았느냐의 여부를 막론하고 성희롱·성폭력 사건이 발생한 사실이 인정될 수 있다면 그에 관련한 파생적 피해는 모두 2차 피해로 보겠다는 의미다.

그렇다면 결론은 무엇일까? 공식적인 신고가 없어서 '고충처리나 구제과정'이 개시되지는 않은 경우일지라도, 적어도 「여성폭력방지기본법」 시행 이후에 발생한 '추가 피해' 사항은 이를 법률상의 2차 피해 발생사실로 보는 데 무리가 없으리라는 것.

그러면 「여성폭력방지기본법」 시행 이전에 신고 없이 발생한 추가 피해 사안은 이를 2차 피해로 볼 수 없어서 아무 조치도 취할 수 없다는 뜻일까? 아니다. 그렇게 볼 이유는 없다. 「양성평등기본법」 제31조 제5항 규정의 확장적 해석 가능성이 없지도 않거니와, 「여성폭력방지기본법」 시행 이전에도 관련 법령들은 피해자에 대한 최대한의 보호를 이미 강조해 왔다.

무엇보다도 직장 동료나 상급자 등이 피해자에게 추가 피해를 유발하였다면 2차 피해에 관한 법률규정이 있건 없건 간에 많은 경우에서 그 객관적인 행위내용을 전형적 징계사유 유형의 하나인 일반적 품위유지 의무 위반으로 포섭할 수 있을 것이다. 그런 연유로 아무런 조치도 취할 수 없다는 결론은 어느 모로 보더라도 나오지 않을 것이다.

그래서 최종 결론은 도대체 뭘까? 실질만을 고려한다면 '2차 피해는 언제나 2차 피해다.' 이를 법률상의 2차 피해로 포섭할 수 있는지 아니면 '2차 피해에 준하는 문제상황' 등의 형식으로 지칭하는 것이 온당한지는 그저 나 같은 율사에게 맡겨져 있는 기교적이고도 기술적인 문제일 뿐이다. 여러분께서는 오직 피해자 보호에만 온 힘을 다해 주시길.

날조된 구체적 진술이라는 것

조지 포스터 피버디상, 줄여서 피버디상이라고 부르는 이것은 미국 방송협회와 미(美) 조지아대학교가 주관하여 우수한 텔레비전 및 라디오 방송에 수여하는 국제적인 상이다. 전자미디어 매체에 관한 상 중에서 가장 오래되고 정평 있는 상 중의 하나인데, 방송계의 퓰리처상으로 불리기도 한다.

뉴욕타임스는 미국 뉴욕을 근거지로 일간신문을 발행해 오고 있는 신문사다. 1851년 창간되어 세계적으로 영향력을 발휘하는 일간지를 발행하는 언론사로서 지금까지 무려 110여 차례나 퓰리처상을 거머쥐었다고 한다. 조금은 다른 이야기이지만, 나도 대학생 시절 국제정치 전공 수업을 들었을 때 주요 국제정세에 관한 뉴욕타임스 사설을 골라서 읽고 분석하는 과제를 매주 제출해야 했던 기억이 있다.

뉴욕타임스의 팟캐스트 '칼리프 국가'에서 국제적 극단주의 무장 테러조직 '이슬람국가(IS 또는 ISIS)'에 관해 다룬 내용이 2018년에 권위 있는 피버디상을 수상했었다고 한다. 극단주의 테러조직 내부의 잔혹한 실상에 대한 구체적 묘사가 많은 이에게 강한 호소력을 가졌던 모양이다. 유서 깊은 세계적 언론사의 보도와 그 진가를 알아본 피버디상이라는, 이 범접하기 어려운 조합! 누가 그 보도의 진실성에 감히 의문을 제기하면서 토를 달려고 할까?

그런데 놀랍게도 얼마 전 뉴욕타임스는 스스로 전직 IS 대원이라고 밝히며 팟캐스트 '칼리프 국가'에 나와서 여러 가지 자세한 진술을 했던 파키스탄계 캐나다 남성의 말 대부분이 완전히 날조된 거짓말로 밝혀졌다면서 사과했다. 피버디상을 반납할 의향을 밝혔음은 물론이다.

전직 IS 대원이라던 그 남성은 그저 지루한 일상에서 벗어나기 위해서 그 모든 이야기를 제멋대로 그럴듯하게 지어냈다고 했다. 캐나다 당국의 여행 및 금융, SNS 기록 등의 조사 결과, 그 남성은 실제로는 IS에 가입했던 적도 전혀 없었음이 밝혀졌단다.

진술의 구체성과 일관성이 확인될 수만 있다면 그 진술된 내용은 실재했던 현실을 있는 그대로 반영한 것이라고 보아도 좋다는 믿음을, 위의 뉴욕타임스 팟캐스트 이야기는 통렬히 깨뜨린다. 생각해 보건대, 앞뒤가 맞지 않고 엉성한 소설이나 각본 따위를 누가 읽겠는가. 하지만 구체성과 일관성을 갖추고서 아주 치밀하게 잘 짜인 소설이라 한들, 그것은 여전히 허구일 뿐 사실이 될 수는 없는 것이다.

위 사례가 우리에게 던지는 메시지는 또 있다. 문서상에 활자로만 남은 진술이 아니라 팟캐스트 영상 속에 담긴 진술이 나중에서야 완전히 날조된 거짓임이 확인될 수 있었다는 것이니, 진술자의 진술 모습이나 태도, 뉘앙스 등을 종합적으로 함께 고려해 봄으로써 그 진술의 진위를 어느 정도 가늠해 볼 수 있다는 믿음 또한 재고돼야 할 여지가 있다는 것. 뉴욕타임스와 피버디상마저도 그 거짓 진술에 깜빡 속아 넘어가 버리지 않았는가!

재판과 그 속에서의 실체적 진실찾기를 업으로 삼는 법률가의 한 사람으로서 '생생한 묘사'를 담은 이른바 '고발 진술'이 기실은 한낱 거짓말에 불과했다는 뉴욕타임스 팟캐스트의 사례가 오늘은 계속 눈에 밟힌다.

최선의 대응책으로서의 인정과 사과

변호사를 가리키는 영단어에는 '로이어(lawyer)'만 있는 것이 아니다. '카운슬러(counselor)'라는 단어도 변호사를 뜻한다. '카운슬러'라는 말은 변호사를 의미하기도 하고 상담사 또는 의논의 상대자 등을 지칭하기도 하는데, 변호사의 업무수행에 가장 밑바탕이 되는 일이 의뢰인 상담인 만큼 변호사도 상담사도 모두 카운슬러라고 불리는 데에는 상당히 합리적인 이유가 있다.

대개 상담은 이렇게 진행된다. 있었던 일 전부를 그대로 변호사에게 다 털어놓고 그에 대한 적절한 방책을 조언해 달라고 한다. 그런데 가끔 이런 경우가 있다. 이 사람의 말을 전부 들어보니 이 사람 잘못이 명백하다. 이미 잘못을 저질렀는데 있었던 사실을 없었던 것으로 만들어 줄 수는 없다. 형사사건에서라면 이럴 때는 잘못한 사실을 인정하고 깊이 뉘우치면서 피해자에게 사과의 의사를 표명하도록 유도하는 것이 의뢰인에게도 가장 바람직한 방책이 된다. 그래서 "잘못을 모두 인정하시고 피해자에게 사죄도 하시면서 합의해보도록 하시지요" 라고 조언한다.

그러면 반응은 대체로 세 가지다. 첫째, "역시 그 방법밖에는 없는 게로군요"라면서 수긍하는 경우. 둘째, 잘못을 스스로 인정하라고 하니 얼굴색이 변하면서 불쾌해하지만 마지못해 그 조언을 따르는 경우. 그리고 셋째, "무슨 놈의 변호사가 죄를 없애 줄 궁리는 안 하고 잘못을 인정하라고 하느냐"라며 분개하고 다른 사무실로 가버리는 경우. 이렇듯이, 변호사를 '마법사'와 혼동하고서는 세상의 모든 잘못도 마치 없었던 일인 양 깨끗이 지워주는 서비스를 기대하는 사람들이 있다. 하지만 그게 어떻게 가능하겠나. 변호사는 마법사가 아닌 것을.

세간의 변호사 중에는 어떠한 경우든 어떻게든 무죄나 불기소처분을 받아주겠노라고 의기양양하게 광고하는 경우도 없지 않지만, 나는 이런 식의 태도가 올바르다고 생각하지 않는다. 종국에 있어서 의뢰인에게 득이 되는 결과로 이어지리라고 생각하지도 않는다. 오히려 '까딱 잘못했다가는' 뉘우치는 빛이 부족한 피고인으로 몰려서 더 무거운 형의 선고를 받게 할 공산만이 농후할 뿐. 게다가 변호사법과 변호사윤리장전에 따르면 변호사는 사회정의의 실현을 사명으로 하며, 직무를 수행 중 진실을 은폐 또는 왜곡하거나 허위진술을 해서도 안 된다. 그러므로 있었던 사실에 대한 '다른 해석'을 법리적 의견으로서 제시해 보는 방법은 가능할지언정, 있었던 사실을 없었던 일로 둔갑시키는 것은 변호사의 역할이 될 수 없고 되어서도 안 된다.

그래서 때로는 의뢰인과 얼굴을 붉히는 한이 있더라도 의뢰인에게 잘못을 솔직히 인정하게 하고 진심 어린 마음으로 피해자에게 사과하도록 권유하는 것이 그 의뢰인을 위한 최선의 변론방안이 되는 경우가 있다.

있었던 사실을 마치 없었던 일처럼 만들려고 잔꾀를 부리는 것이 법률가의 참다운 역할이 결코 아니라는 것. 이 어지러운 시절에, 있었던 사실에 대한 진솔한 인정과 진정성 있는 사과가 갖는 가치를 새삼 한 번 더 생각해 본다.

타인에 대한 존중, 바로 나 자신을 위한 노력

어느 기관에서 인권침해로 고충신고가 접수되었다. 몇몇 '아랫사람'에게 모독적 발언을 습관적으로 늘어놓았고, 한 번은 그중 한 명의 발치에 유리컵을 집어던졌단다.

피신고인의 진술을 들어보기 위한 자리를 마련했다. 거침없는 권위주의적 '포스'를 온몸에서 뿜어내면서 '드높으신' 피신고인이 걸어 들어왔다.

첫 마디부터 고성의 연속. "이게 지금 뭐 하자는 거요? 어? 당신은 또 뭐고? 당신이 검사야? 이게 뭐야, 지금. 어? 검사도 아니면서 제깟 놈이 뭐라고". 이럴 때는 당황하지 않고 또박또박 대답하는 것이 최선이다. "예. 저는 검사는 해 본 적 없고요. 이 자리는 접수된 사안의 사실관계에 관해서 질문을 드리고 그에 대한 말씀을 듣기 위한 것입니다." "뭔 놈의 사실관계? 어? 물어보시든가. 말든가."

질문이 시작되자 상황은 점입가경이다. "미쳤어요? 사람한테 유리컵을 던져? 내가 그럴 사람으로 보여?" ('네. 지금 당신이 나한테 하는 언동만 봐도, 그럴 사람인 것 같다는 심증이 무럭무럭 생기네요.') "허, 참. 내 살다 살다. 어디서 이런 애송이 같은 걸 데려다 놓고. 그래, 좋아. 내 지금 기관장을 만나러 갈 거예요. 내가 못 참겠는데 이거를."

아마도 이분은 이 '애송이' 같은 '제깟 놈'이 '심상치 않은 분위기'를 감지하고는 "아이고, 제가 높으신 분을 미처 알아 뵙지 못했습니다. 부디 노여움을 푸십시오"라고 할 줄 알았을 터. 도리어 눈싸움을 하듯 똑바로 바라보며 말했다. "네. 그렇게 하십시오. 그런데 이 사건의 모든 절차가 종결되면 그때 뵙도록 하십시오. 그리고 저는 이 기관의 규정에 따라서 조사권한을 위임받았습니다. 말씀 함부로 하시는 일은 삼가시기 바랍니다." 하지만 조사가 마무리 될 때까지 나를 대놓고 업신여기는 태도는 쭉 이어졌다. 뭐, 그러려니. 처음부터 '애송이 같은 놈, 깔아뭉개버리자'라며 작정했을 터이니까.

며칠 후의 일이다. 전화가 걸려왔다. 그분이었다. 호칭부터 달라졌다. "아이고, 변호사님. 큰 결례를 범했습니다. 제가 누군가한테 무슨 이야기를 들었는데, 제가 진짜 뭘 잘 모르고 주제넘었습니다. 제가 나이가 들어서 노망이 났는지. 변호사님께서 너그럽게 보아주십시오. 피해자에게 사과도 하고, 피해회복을 위한 노력도 성심성의껏 하겠습니다. 무엇보다도 변호사님께 잘못했습니다. 죄송합니다." 경험해 본 중 가장 비루하다고 할 정도로 낮추고 또 낮추는 모습. 죄송하다고, 백 번 천 번 잘못했다고 하는 말을 그날처럼 많이 들었던 적은 아마도 다시는 없을 것 같다.

정작 피해자에 대해서는 기나긴 통화시간 동안 딱 한 번만 언급했을 뿐이면서 내게 용서를 끊임없이 구해오던 전화를 받으며 깨달은 것이 하나 있다. 자신보다 약하다고 생각하는 누군가에게 그 '알량한' 권력을 휘둘러 대면서 폭군이 된다는 것은, 자신보다 강해 보이는 혹은 무언가 권능을 가진 것으로 보이는 또 다른 누군가의 앞에서 한없이 비굴해지는 것과 동전의 양면과도 같다는 사실.

그렇기에 타인이 '나'와 동등하게 존귀하다는 것을 진정성 있게 인정할 때에야 비로소 '나' 자신도 또 다른 타인의 면전에서, 특히나 그 사람의 권세가 대단하든 말든 언제나 동등하게 당당한 주체로서 바로 설 수 있게 된다. 약자에게 폭력을 가하는 행태와 마찬가지로 누군가의 면전에서 당당하지 못하고 굽실거리는 것 또한 인간다움의 온전한 모습이 아니다.

그래서 타인을 존중하는 것은 결국 무엇보다도 바로 '나'를 위한, '나' 자신을 오롯이 존중하고자 하는 노력이기도 하다. 이를 명심한다면 세상의 수많은 터무니없는 '갑질'과 인격 모독 행위도 상당한 정도는 줄여나갈 수 있지 않을까.

왜 자꾸만 반복되는 걸까요?

한 언론사로부터 인터뷰 요청을 받았다. 내가 일하는 사무실이 위치한 지역에서 장애인 대상 성범죄 사건이 또 발생한 모양이다. 리포터가 물었다. "하루 이틀도 아니고, 비슷비슷한 장애인 대상 성범죄가 왜 이렇게 반복되는 건가요?" 말문이 막혔다. (그…저기, 제가 한 짓이 아니라서, 저도 잘 모르…) "글쎄 말입니다. 왜 그럴까요?" "이렇게 반복되는 성범죄에 대해서 변호사님은 어떻게 생각하시나요?" (저도 통 모르겠는데다가 별 생각이 없…) 입은 안 열리고 점점 더 머리만 복잡해졌다.

장애인 대상 성희롱·성폭력에 관한 처벌조항은 그래도 지난 10년 동안 적잖이 보완이 이뤄지기는 했다. 성폭력처벌법 이외에 장애인복지법에도 별도의 성희롱·성폭력 처벌규정을 두어서 10년 이하의 징역 또는 1억 원 이하의 벌금에까지 처할 수 있도록 근거를 마련하였다. 형법상 강간죄는 3년 이상의 유기징역에 처하도록 되어 있지만, 신체 또는 정신적 장애가 있는 사람을 강간한 자에 대한 성폭력처벌법 조항은 무기징역 또는 7년 이상의 징역에 처하도록 정한다.

19세 이상인 가해자가 19세 미만의 장애아동·청소년을 간음했다면 피해자의 동의 유무, 폭행·협박 여부를 묻지 않고 3년 이상의 유기징역에 처한다. 공소시효에 대한 특별한 예외규정도 두었는데, 신체 또는 정신적 장애가 있는 사람에게 강간이나 강제추행 등 법에서 정하는 몇 가지 범죄 피해를 입혔다면 공소시효의 적용이 배제된다.

답하기가 어려우니 제대로 된 답변은 미뤄두고 장황하게 법 조항을 늘어놓았거늘 결국은 동문서답이 될 수밖에 없었다. 이런 날카로운 질문자 같으니라고. 이 점을 놓치지 않았다. 그래서 오히려 문제만 더 복잡해졌다. "법이 꽤 꼼꼼해 보여도 문제가 반복되는 이유는 도대체 뭔가요?" 이럴 의도가 아니었는데, 꿍! 빠져나갈 수가 없다. 망했다.

뭐가 문제인 걸까? 타인의 존엄성을 끝끝내 짓밟고서라도 자신의 부도덕하고 추악한 욕구를 충족하려는 인간 내면의 어두운 본성이 문제인 걸까? 장애인 성범죄에 관한 어느 논문에서 이런 내용을 읽었다. 여러 유형의 장애인 가운데에서도 특히나 지적 장애인이 성범죄 피해를 경험하는 비율이 유달리 높은데, 이는 타인의 숨은 의도를 잘 파악하지 못하고 타인을 쉽게 믿는 지적 장애인의 특성에 기인하는 측면도 있다는 것이다. 성범죄라는 것 자체가 이미 윤리를 저버린 악행 그 이상도 이하도 아니지만, 순수한 인간적 신뢰를 악용하고 그 신뢰를 땅바닥에 내동댕이쳐가며 타인의 인권을 유린하는 범죄가 더할 수 없이 극악하다는 사실은 두말할 나위도 없다.

조금 더 생각해 보자. 경찰·검찰이 매일 같이 범죄수사에 전념하고 있지만, 세상에 범죄가 사라질 리는 만무하지 않은가? 범죄가 되풀이되는 데는 인간이란 존재가 워낙에 악한 면모를 가지고 있는 이유도 있을 것이다. 그러니 인간 본성을 논하는 답변도 그리 틀린 것은 아니리라.

한데, 매우 찜찜하다. 이건 너무 근본적인 이야기다. "인간은 원래 그래요"라는 답이 과연 무슨 의미가 있나? 어쩔 수 없으니 체념하라는 건가? 이게 무슨, '산 정상을 향해서 노 저어 가는 것' 같은 소리인가!

　오래전에 들은 이야기다. 한 소년이 매일같이 바닷가에 나와서 파도에 떠밀려 뭍으로 나온 불가사리를 다시 바다로 던져주었단다. 그 모습을 본 누군가가 비웃으며 물었다. 내일이면 또 다른 불가사리가 다시 파도에 밀려올 텐데 지금 네가 하는 행동이 무슨 의미가 있느냐고. 소년이 답했단다. 적어도 오늘 바다로 돌려보내 준, 그래서 삶을 되찾은 바로 그 불가사리에게는 분명한 의미가 있는 것 아니냐고.

　어디선가 보이지 않는 곳에서 저질러지는 악행을 앞으로도 우리가 백 퍼센트 뿌리째 뽑아내 버릴 수는 없을지도 모른다. 하지만 우리가 손을 놓고 무신경한 태도로 일관한다면 지금보다도 더 많은 피해자의 눈물을 맞닥뜨리게 될 것임은 자명하다.

　우리가 모두 조금씩 더 관심을 가지고 주변을 살필 때, 국가와 사회가 제도적 차원의 꾸준한 보호와 배려의 노력을 더 해 나아갈 때, 우리는 오늘보다 더 나은 내일을, 성폭력의 위험으로부터 구출된 한 사람 한 사람을 마주하게 될 것이다. 반복되는 사건 소식이 절망을 낳을 수도 있지만, 그럼에도 우리가 절대로 비관하지 않고 앞으로 나아가야 하는 이유다.

제3장

나가는 글:

대학 인권센터 운영에 관한 어느 토론회에서 밝힌 '구경꾼'의 소회

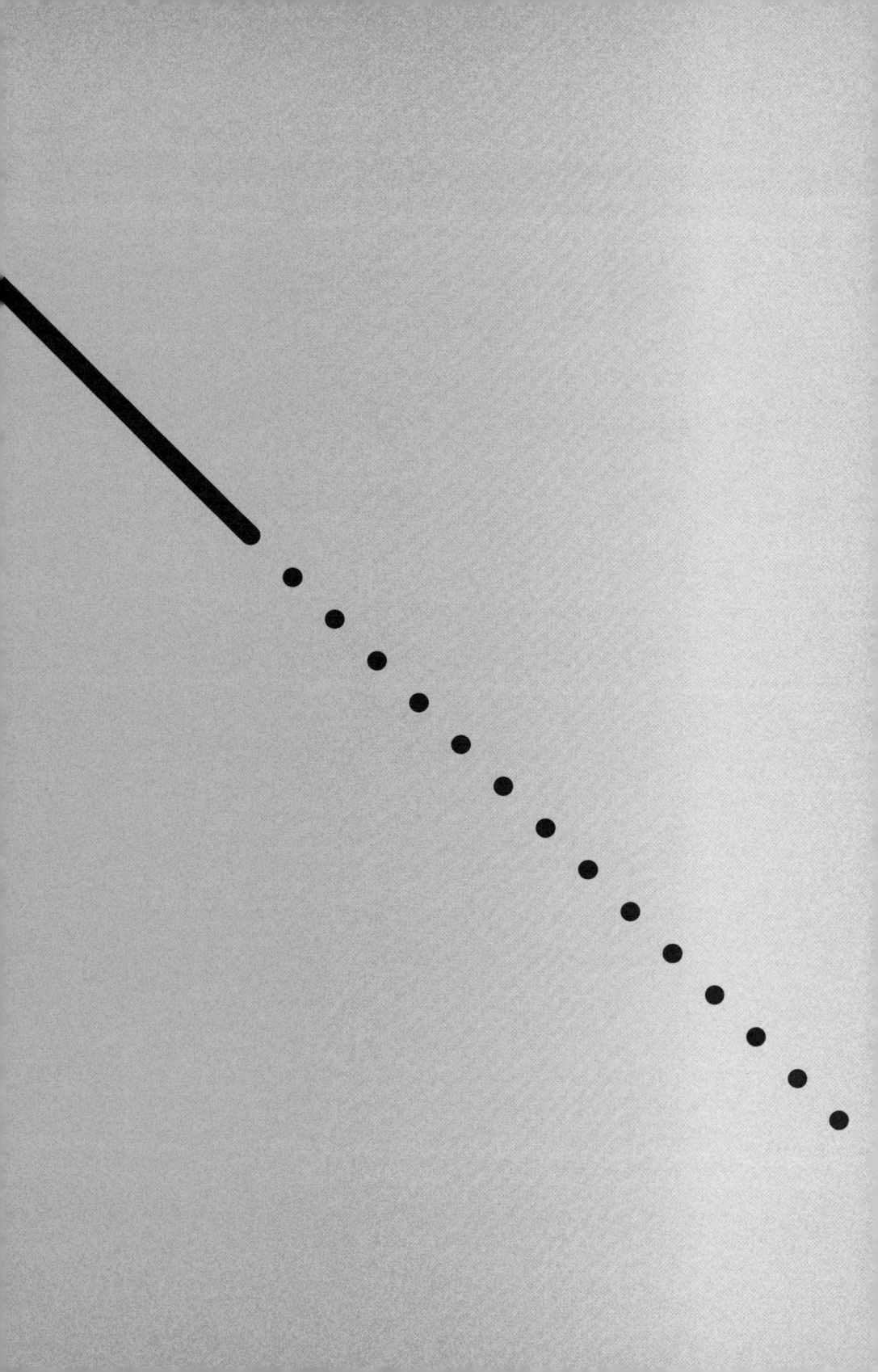

토론문[*]

1. 들어가며

먼저, 귀중한 연구 결과를 발표하시고 토론하는 소중한 자리에 초대해 주신 점에 감사의 말씀을 드립니다. 사실 저는 전문성이라고는 전혀 없고 아는 바도 적은지라 이 자리에서 감히 무슨 말씀을 드릴 수 있을지 며칠 밤낮으로 여러 가지 고민을 많이 했습니다.

다만, '무식하면 더 용맹하다'라고 하는 시쳇말처럼, 제 무지함에 기대서 이러저러한 몇 가지 생각을 두서없이 말씀드려 볼까 합니다. 귀중한 연구에 보탬이 되는 말씀을 드려야 할 터인데 내용도 알차지 않으면서 별로 들으시기에 좋지만 않을 쓴소리를 늘어놓는 게 아닐지 조금 두렵기는 합니다만, 너그러이 보아주시기를 부탁드리겠습니다. 아래와 같이 한 가지의 질문과 다섯 가지의 졸견을 말씀드리고자 합니다.

---

[*] 본 토론문은 KAIST 과학기술정책대학원(STP)의 주관으로 2018. 3. 29. KAIST 대전 본원 창의학습관(E11)에서 개최되었던 「대학원생 권리강화 방안 정책토론회」에 토론자로 초청받아 참여하였던 필자가 그 토론을 위하여 작성한 서면입니다(다만, 이는 토론회 발제 자료집을 통하여 공개되었던 글은 아니며, 위와 같이 정리된 내용을 토대로 필자가 현장에서 구술하여 의견을 개진하였던 것임을 밝힙니다).

2. 질문 하나

우선 간단한 질문입니다. 〈정책토론회 연구 개요 및 진행보고〉 4페이지를 보면 '대학원생' '조교' 등 키워드 검색을 통해서 최근 5년간 보도사례로 검색된 내용 중 "성희롱·성추행, 폭언·폭행 등을 포함하는 폭력 관련 사건이 85건"이었다고 했습니다. 조금 더 섬세하게 구분해 보실 필요가 있다는 생각인데요. 대학원생 관련 폭력 사안 중에는 교원으로부터 학생에 대해서 발생하는 폭력 사건도 있을 것이고, 또는 대학원생 사이 이를테면 선·후배 위계서열 관계에서 발생하는 폭력 사건도 있을 것으로 생각됩니다. 둘 다 폭력이라는 점은 동일하지만, 아무래도 그 양태가 다르다 보니 그 해법 모색의 방향성까지 같을 수는 없을 것으로 봅니다. 어디까지가 교원과의 관계에서 발생한 문제인지, 또 어디까지가 동료나 선·후배 간 관계에서 발생하는 문제인지 엄밀한 구분과 그에 따른 고민이 필요하지 않을까 생각합니다.

3. 견해 하나 : 익명신고제도, 괜찮은가?

이번에는 질문과 함께 제 간단한 견해를 말씀드려 보도록 하겠습니다. 〈정책토론회 연구 개요 및 진행보고〉 7페이지를 보면, 일본 오사카대학 인권유린 상담소의 경우 프라이버시 보호를 위한 익명신고가 가능하다는 설명이 있습니다. 제가 서울대 인권센터 전문위원, 그러니까 사건

조사관으로 3년 조금 넘게 근무했고 지금은 포스텍 상담센터, 그러니까 주로 성희롱·성폭력상담실 업무 관련 자문위원으로 있으며,**

고려대학교 인권센터에도 자문위원으로서 의견을 제공하고 있다 보니 아무래도 대학 내 인권센터와 그 사건처리에 관련된 부분이 주로 많이 눈에 띕니다.

그래서 여쭙습니다만, 여기서 말하는 "익명으로 신고가 가능하다"라는 것이 정확히 어떤 의미인지요? 말 그대로 신고나 진정 접수 그 자체까지도 자신이 누구인지를 밝힐 필요 없이 익명으로 가능하다는 것인지, 아니면 신고나 진정 접수 이후 조사와 심의 절차에서 가명 사용 등의 방식으로 철저하게 익명화하여 사건을 처리한다는 것인지요? 전자와 후자는 비슷해 보일 수도 있으나 사실은 그 차이가 엄청나게 큽니다. 제 사견(私見)으로는 사건의 조사·심의·징계 등의 절차에 관하여, 만일 전자의 의미라면 익명신고나 익명의 진정을 접수하는 것 자체는 굉장히 위험할 수 있다고 보기 때문에 이를 여쭈어봅니다.

더구나 만일 이 연구의 결과, 각 인권센터에서는 익명신고도 접수할 수 있는 방향으로 제도를 개선하라는 권고가 내려지게 된다면 상황은 더 심각해질 수 있기에 저로서는 이 이야기를 꼭 드릴 수밖에 없습니다. 실제로 〈정책토론회 연구개요 및 진행보고〉 16페이지를 보면, "대학원생 인권·권리 침해 발생 시 인권센터나 연구윤리위원회 등 학내 절차에 당사자가 실명으로 직접 신고해야 하는 등의 규정으로 인해 피해자 신고가 잘 안 이루어짐"이라고 되어있습니다. 거꾸로 뒤집으면 익명신고를 허

** 2025년 현재는 포스텍의 경우에도 성희롱·성폭력 및 직장 내 괴롭힘을 포함한 일반적 인권침해 전반을 포괄하여 다루는 '인권센터'가 운영 중에 있습니다.

용할 수 있게 해야 한다는 취지로 읽히는데 다음과 같은 이유에서 저는 이러한 대안에 적극적으로 반대합니다.

성희롱·성폭력 사건의 경우에 특히 최근 일반적인 수사·재판 절차에서도 그렇기는 합니다만, 피해자 보호 차원에서 가해자로 지목된 사람의 반대신문권(cross examination), 그러니까 방어권 행사를 위해 반박 차원의 질의를 던질 수 있는 권리를 상당한 정도로 후퇴시키고 있는 점은 분명히 있다고 생각합니다. 하지만 피해자의 보호와 엄정한 조치가 중요한 만큼이나 가해자로 지목된 사람의 방어권 보장이라는 측면도 절대로 무시해서는 안 될 것입니다.

간단히 가상의 상황을 들어서 생각해 보겠습니다. 제가 조사관으로서 가해자로 의심받고 있는 사람을 면담조사 합니다. 피해자 보호를 위해 소속과 실명을 모두 가명으로 익명화하였다고 하겠습니다. "당신 물리학과 홍길순 압니까?" "누구요?" "물리학과 홍길순 몰라요?" "저는 철학과 학생이라 물리학과 학생은 만나본 적도 없는데요." "이거 이 사람, 안 되겠구먼. 반성의 기미가 전혀 없어!" 이런 식이 될 겁니다. 한데, 이것이 바로 "네 죄를 네가 알렷다"라는 식의 원님 재판 아니면 뭘까요?

아무리 정말 가해행위를 저지른 가해자라 하더라도 절차상의 방어권 보장은 충분한 수준으로 이루어져야 합니다. 특히 저지른 잘못만큼의 적정한 책임을 질 수 있게 하기 위해서라도 엄격한 사실관계 조사와 사실확정 과정은 반드시 필요하며 그러기 위해서는 가해자에 대한 아주 명확하고도 엄밀한 조사는 불가결합니다.

그런데 피해자가 누구인지도 밝혀지지 않은 상태에서 가해자 조사가 제대로 될 수 있을까요? 어떠한 경우라도 아무리 나쁜 놈이라도 원님 재판이 되어서는 안 됩니다. 그런데 익명신고를 허용하게 되면 이런 식의 깜깜이 조사가 불가피해질 겁니다. 이게 과연 맞는 방향일까요? 저는 아니라고 봅니다.

또 한편으로, 신고나 진정 그 자체를 익명으로 할 수 있게 허용했을 때 무고 가능성은 어떻게 방지할 수 있을까요? 못할 겁니다. 조사자로서의 제 경험상 저는 못한다고 확신합니다. 물론 제 경험상 100 중 90 이상은 무고가 아닐 겁니다. 아니, 90이 아니라 96~97건 이상은 실제로 있었던 피해를 털어놓은 것임이 분명할 겁니다. 하지만 100 중에서 1~2건이라도 정말 억울하게 누명을 쓰는 경우가 생긴다면 어떻게 할 건가요? 백 건 중 한두 건 정도의 억울한 사람은 그저 부수적 피해일 뿐인가요? 어떤 경우라도 있어서는 안 되는 일 아닌가요? 1,000건이 아니라 10,000건 중의 단지 한두 건이라 해도 이는 있어서는 안 되는 일입니다. 말씀드리기에 아주 유감스러운 사례들이지만, 지금 제가 대학 내 사건은 아닌, 일반 형사절차에서 조력을 제공하고 있는 사건 중에는 증거에 비춰볼 때 명백한 무고에 해당하는 건이 벌써 몇 건이나 있습니다. 불편한 진실이지만 이게 현실이며, 그 속에 담겨 있는 진실입니다.

그리고 조사가 1회로 끝나는 경우는 거의 없습니다. 피해자에게도 추가 질의, 문답이 여러 차례 필요한 점은 대부분 사건에서 예외가 없습니다. 그런데 익명으로 접수하고 나면 다음은 어떻게 진행할 수 있다는 건지요? 누구에게 연락해서 어떻게 추가 질의를 할 수 있을까요?

「국가인권위원회법」 제32조 제1항 제6호를 보겠습니다. 이 조항에서는 진정이 익명이나 가명으로 제출된 경우에는 더 이상의 조사 진행 없이 바로 진정을 각하하도록 정하고 있는데, 다른 한편으로 「성폭력범죄의 처벌 등에 관한 특례법」은 피해자 보호를 위해서 「특정범죄신고자 등 보호법」 조항을 원용하고 있습니다. 그래서 성폭력범죄 피해자의 경우에는 설령 보복의 우려가 없는 경우라 하더라도 수사와 재판 진행 중에 신상 등 인적사항을 조서나 그 밖의 서류 등에서 공개하지 않고 심지어 가명을 사용할 수 있게 허용하고 있기까지 합니다.

하지만 여기에 아주 중요한 포인트가 있습니다. 피해자가 정말 실재하는지, 정확히 누구인지 실제 인적사항에 대한 확인절차를 생략하지는 않는다는 점입니다. 검사나 사법경찰관 등 수사의 주재자는 피해자가 누군지 정확히 알아야 하는 것으로 되어 있습니다.

피해자들은 겁을 냅니다. 일반적 인권침해 사건의 피해자도 그렇거니와 성희롱·성폭력 사건 피해자는 더 말할 필요가 없습니다. 맞습니다. 저도 제 눈으로 그런 피해자들을 여럿 보았기에 압니다. 그게 신고를 꺼리는 중요한 요인 가운데 하나일 겁니다. 참으로 마음 아픈 일입니다.

그렇기에 물론 피해자에게는 '익명성 보장'을 포함한 최대한 두터운 배려와 보호가 당연히 필요한 것이지만, 그 배려와 보호라는 것이 반드시 익명신고 허용을 포함하여야 하는 것은 아닙니다. 흔히들 오해하고 계시기도 한데 피해자 보호를 위해서 더욱 중요한 점은 사건조사 절차 진행 중 그 절차의 외부로 피해자 신상이나 사건 관련 내용 등이 함부로 유출되거나 공개되는 것을 철저하게 막아주어야 한다는 의미의 피해자 익명성 보장이지 무작정 익명으로 신고를 받아주는 게 아닙니다. 위와 같은 제 의견에 모두가 동의하지는 않을지도 모르겠지만, 적어도 저는 그렇다고 확신합니다. ***

***   실제로 고용노동부가 2021. 2. 24. 펴낸 <직장 내 성희롱 익명신고 처리지침>을 보면, 피해자가 익명으로 신고하는 때에도 사업주의 처벌 또는 행위자의 징계 등을 원하는 경우에는 진정사건으로 전환하는 것을 제안하고 진정사건으로서 전환하여 처리하여야 한다고 하면서, 이때 진정사건은 사업주 등에게 피해자의 실명이 노출된다는 사실을 그 피해자에

박 변호사님, 이럴 땐 어떡하죠?

게 미리 알려주어야 한다는 점을 강조하고 있습니다(위 처리지침 제10면 참조).

뿐만 아니라, 같은 처리지침은 익명으로 신고하여 신고자(피해자) 의사 확인이 어려운 경우에는 성희롱 실태조사를 통하여 행정지도 또는 사업장 근로감독을 실시함으로써 성희롱 피해 여부를 확인하라고 권고하고 있을 뿐, 가해혐의자를 상대로 본격적인 문답조사 등을 시행하라고 주문하고 있지는 않습니다(위 처리지침 제11면 참조).

그 밖에도 고용노동부의 위 처리지침은 "직장 내 성희롱에 해당하나, 익명 신고사건 처리로는 피해자 의사를 충족하지 못하거나 구제가 어려울 것으로 판단되는 경우"에는 "직장 내 성희롱 행위가 성폭력범죄에 해당하는 경우, 경찰·검찰에 별도 신고가 가능함을 적극 안내"하라는 등의 권고안을 담고 있기도 합니다.

그렇기 때문에 냉정하게 말하자면, 피해자가 전혀 드러나지 아니하는 '익명신고'를 통해서는 예방 차원의 일반적인 지도·감독까지는 가능할 수 있지만, 가해혐의자를 본격적으로 직접 '타격'하는 형태의 문제해결은 사실상 어렵다는 것을 고용노동부의 위 처리지침도 부정하지는 못하고 있는 셈입니다.

그렇다면 조사 진행 중 가해자에게 피해자와 관련한 사항이 전해지는 건(불가피하게도 노출될 수밖에 없는 문제는) 어떻게 처리하자는 말이냐. 당연히 가중징계와 가중조치 등 엄중한 경고와 엄정한 처분으로 가해자로부터의 불이익이나 보복을 막아주어야 하는 것이지요.

이에 대해서는 18면에서도 "학내 인권침해 사건 발생시 조사 기간 중 피해자-가해자 격리 등 임시 조치 가이드라인 도입 및 조사·징계 기간 중 2차 피해 발생 방지를 위한 가중징계제도 도입"이라고 쓰신 바 있는데요. 사실 이런 제도 선례가 없지는 않습니다. 제가 자문위원으로 있는 포스텍에서는 이미 전면 시행 중인 제도입니다. 포스텍의 성희롱·성폭력 예방과 처리에 관한 규정은 최근에 완전히 환골탈태하였다고 해도 과언이 아닐 정도로 새롭게 전면 개정을 했는데 이에 따르면 피신고자, 그러니까 가해자가 피해자나 신고자에게 보복하는 행위나 누구든지 피해자나 신고자, 또는 해당 사건에 관한 사실이나 허위사실을 유포해서 그 명예를 훼손하는 행위를 할 때는 피신고자 아닌 사람도 징계하고 가해자의 경우에는 2차 피해만을 따로 떼어 별도로 징계를 하거나 가중 징계하도록 명시하고 있습니다. 혹시 관심 있는 분은 포스텍 홈페이지 상단 메뉴 '대학소개' 안 '대학조직' 하위 메뉴로 있는 규정집에서 포스텍 성희롱·성폭력 예방과 처리에 관한 규정 전체 원문을 바로 확인해 보실 수 있습니다.

포스텍 규정도 그렇고 제가 자문위원으로 있는 고려대학교 인권센터 규정도 비슷한 제도들을 두고 있습니다. 비슷합니다. 왜냐하면 제가 만들었으니까요. 제가 만들었으니 제 입으로 말씀드리기 좀 민망하긴 합니다만 포스텍 규정이 굉장히 선도적 사례라 대구경북과학기술원

(DGIST) 쪽에서도 포스텍 규정을 본떠 새로 규정을 입안하려는 움직임이 있는 것으로도 알고 있습니다. 이렇듯이, 제도가 없는 게 아니고 선례도 없는 게 아닙니다. 하고자 하는 의지가 일부 대학들에서 없을 뿐입니다.

변호사로 그리고 대학 내 사건 조사자로 실제로 일해 본 경험에 비추어 말씀드리건대 익명신고 허용은 함부로 되어서는 안 된다는 반대의 의견을 말씀을 드릴 수밖에 없겠습니다. 피해자의 익명성 보장과 비밀유지를 비롯해 혹시 발생할지 모를 2차 피해에 대한 엄정한 대처와 징계처럼 실제로 강력한 집행이 필요한 것이지 신고접수를 익명으로 할 수 있게 허용하는 건 필요치 않다고 생각합니다.

※ 함께 읽어볼 만한 참고자료

5장 피해자 보호 [서울여성회 제작 「시민단체 표준내규」에서 일부 발췌]
18조(사전 조치)
인지되거나 사건 판단 전에 피해자 보호 및 2차 피해 예방을 위해 필요한 경우, 운영위원회는 비밀유지 의무의 부과, 공간분리, 피접수인의 활동정지 등의 사전조치를 시행해야 한다.

제19조(비밀유지)
사건 판단 이전에 사건의 처리과정에서 습득한 정보는 해결을 위해 필요한 경우를 제외하고 비밀을 유지해야 한다. 사건 판단 이후에는 공익적 목적을 위해 사건을 공개할 수 있으나, 이 경우에도 피해자의 동의 없이 피해자의 신상이 공개되어서는 안 된다.

제20조(문서)
피해자를 보호하기 위하여 사건 처리과정 및 이후 작성된 문서에 피해자가 인지될 수 있는 특정 단어 등의 사용을 자제해야 하며, 비밀유지를 위하여 필요하다고 인정되는 경우에 관련 문서를 전자로 처리하지 않을 수 있다.

5장 : 피해자 보호 조항입니다.
우리 사회에는 다른 범죄, 사건과 다르게 성폭력·젠더폭력 사건의 피해자를 향한 고정관념이 강력합니다. 피해자가 뭔가 잘못한 게 아닐까라는 의심의 눈길을 보내기도 하고, '피해자는 이러이러한 모습일 것이다'라는 고정관념을 가지고 있어 정형화된 모습을 보이지 않은 피해자들의 피해사실을 부정하기도 합니다. 그러나 사건 발생 후 피해자가 보이는 모습은 매우 다양합니다. 피해자의 보호는 사건 해결에 있어서 가장 기본적이고 중요하게 다뤄져야 할 원칙입니다.

사건 발생 후 피해자 보호가 잘 이루어지지 않는 경우가 많기 때문에 내규에서는 피해자 보호의 영역을 별도로 작성하여 강조하고 있습니다. 여성가족부의 표준 지침에서도 피해자, 신고자, 대리인, 조력자에 대한 노동권 혹은 학습권의 침해, 인사상의 불이익이 부과되지 않도록 하기 위해 기관장이 할 수 있는 행위와 하지 말아야 할 행위들을 명시하고 있습니다. 성폭력·젠더폭력 사건에서 가장 빈번하게 발생하는 2차 피해를 막기 위해서도 해당 조항은 중요하게 다루어야 하는 영역입니다.

실제 많은 사건들에서 피해자뿐만 아니라, 피해자의 대리인, (피해자와 신고인이 상이한 경우의) 신고인, 조력자, 참고인 등에게도 무차별적으로 2차 피해가 발생하는 경우가 있습니다. 그러한 경우 단체/조직에서는 위 구성원들의 안전을 우선으로 하는 다양한 보호조치를 시행할 수 있어야 합니다. 보호조치에 대한 판단과 집행 책임은 대부분의 경우 사건에 대해 판단하는 단위와 동일하며, 서울여성회 표준 내규에서는 운영위원회에 그 책임을 부여했습니다. 여성가족부 지침과 다르게 구체적인 내용을 명시하지 않은 이유는 단체/조직의 운영에 따라 2차 피해가 발생할 수 있는 영역에 차이가 있으며, 2차 피해를 막는 책임 역시 단체장만의 몫이 아니라, 조직 구성원 공동의 책임이기 때문입니다.

단체/조직은 목적이 같은 사람들의 관계에 기반하여 모여있기 때문에 사건에 연관된 사람의 수가 많고, 사건 당사자와의 밀접한 관계로 인해 사건이 왜곡되어 2차 피해가 발생할 가능성이 높습니다. 그렇기 때문에 2차 피해를 막기 위한 전 구성원들의 노력이 필요합니다. 비밀유지, 문서 등의 항목에 있어서도 표준 내규에서 제안한 내용을 기초로 하되, 단체/조직의 특성을 반영하여 제정할 것을 권합니다.

[서울여성회 편(서울특별시 성평등기금 후원), 『젠더폭력 개입자 실전 가이드북 : 젠더폭력 문제를 해결하고자 하는 우리를 위한 안내서』, 제21 내지 22면에서 전문(全文) 인용.]

4. 견해 둘 : 대학원생이 피해 당사자 집단으로서 심의 등에 관여한다면?

9페이지 처우개선 방안 중에 포함된 내용에 관해서도 한 말씀 올리고자 합니다. 제언 4 내용을 보면 "대학 내 교수-대학원생 공동 참여 운영위/인권센터 설치 의무화"라고 되어있습니다. 인권센터 운영위원회 등에 대학원생이 당사자로서 참여하고 그 참여 폭을 확대하는 것에 저는 적극 동의합니다. 매우 좋은 생각이라고 봅니다. 서울대 인권센터 경우에도 운영위원회 위원으로 대학원생이 참여하고 있습니다.

그러나 만일 개별·구체적인 사건에 대한 조사와 심의에도 피해 당사자 또는 피해 당사자 집단으로서 대학원생이 심의위원회나 조사위원회 등에 참여해야 한다는 주장까지 나아가는 것이라면 동의하기 조금 어렵습니다.

실제 사건이 발생하면 다음과 같은 비판이 흔히 들려옵니다. "교수와 대학원생 사이에서 발생한 사건인데 사건 심의위원회 구성 자체가 당사자 참여가 부족한 교수 위원 중심이라 이런 솜방망이 징계만 내려졌을 뿐이다." 여기서 한 단계 더 나아갑니다. "그러니만큼 우리가 (여기서는 대학원생이 되겠지요) 직접 심의위에도 참여하고 관여해서 판단할 수 있어야 한다." 무슨 뜻일까요? 피해자의 입장과 바라는 바가 충분히 관철되지 않았으니 피해자를 직접 대변해서 그 의사를 관철하겠다는 말일 겁니다.

피해자가 사안을 조사하고 판단한 다음에 조치까지 직접 내리는 일이 역사 속에서 없던 것이 아닙니다. 이걸 뭐라고 부를 수 있을까요? 예. 그렇습니다. 조금 거칠게 정리해 보자면 이걸 가리켜 '사적 보복'이라고 부를 수도 있을 겁니다. 저는 이것을 어떤 식으로 번지르르하게 포장해서 지칭하든, 이것이 '사적 보복'으로 비화될 본질적 내지 근본적 위험성은 사라지지 않으리라고 봅니다.

개별·구체적 사건에 대한 조사와 심의는 '객관화', '거리두기'를 반드시 필요로 합니다. 피해자가 직접 조사하고 조사 결과에 따라 조치를 내리는 것이 아닙니다. 일반 사법절차를 한번 생각해 보겠습니다. 피해자 아닌 제3자가 사안을 조사하고 가해자를 탄핵합니다. 검찰의 역할입니다. 그리고 직접 조사를 수행한 검찰이 그에 대한 최종 판단까지 내리는 것이 아니라 또 다른 제3자인 법원이 중립적으로 판단을 내립니다. 마찬가지로 법원도 피해자가 아닙니다.

우리가 왜 이와 같은 심리·판단 구조를 확립해 왔던 것인지 잘 이해해야 할 필요가 있습니다. 피해자 집단이 충분히 대변되지 않았으므로 그 대변자로서 직접 심의하여 판단에 관여하겠다구요? 그게 제3자에 의한 중립적·객관적 판단이라는 원칙과 얼마나 거리가 먼 것인지를 굳이 다시 설명해 드릴 필요는 없어 보입니다.

다만, 적정하지 않은 솜방망이 징계가 내려지는 문제는 분명히 있었습니다. 그리고 피해자의 입장, 피해자와 같은 처지에 서 있는 이들의 견해가 사건처리를 위한 절차 진행 중에 충분히 고려되지 못한 것이 아닌가 상당한 의심이 드는 경우도 이제까지 왕왕 있어왔음을 부인하고자 하는 것도 아닙니다. 정말이지 마음 아픈 일이며 간절히 바라건대 앞으로는 결코 되풀이되어서는 아니 되는 심각한 과오임이 틀림없습니다. 그렇기에 제가 말씀드리는 주된 취지는 흔히 비판되곤 하는 솜방망이 징계나 조치의 문제 같은 것이 애초에 없다는 것이 아니라 솜방망이 징계나 조치 문제는 분명히 있었지만, 그에 대한 해법이 대학원생의 사건 조사·심의 참여로 되어야 한다는 것은 논리적 비약이기도 하고, 우리가 근대 이후 유지해 온 기본적 원칙에도 엄연히 배치되는 점이 있다는 것입니다.

실제 징계 관련 심의·의결 구조가 갖는 분명한 난점과 한계점은 있습니다. 예컨대 일반적인 징계절차와 그 결과는 우리가 법원에서 볼 수 있는 바와 같은 일반 사법절차 상의 대등 당사자 사이의 대심적 구조가 아닙니다. 그러니까 대학이 판단자 지위에 있고 한 편에는 피해자가, 다른 반대편에는 가해자가 있어서 피해자도 그 대학의 결정에 불복할 수 있는 구조는 아니라는 뜻입니다. 일반적 징계절차는 대학과 그 징계혐의자 양자 사이의 관계이지요. 그렇다 보니 피해자는 해당 징계 사건의 실질적 당사자이기는 하지만, 형식상 당사자 지위에 있지 않기 때문에 솜방망이 징계가 내려진다 해도, 그 결과가 현저히 불합리하다 하더라도 그에 불복할 수 있는 방식이 마땅치 않은 점이 있습니다. 맞습니다. 이건 분명히 문제입니다.

그렇기 때문에 그 문제에 대한 해법이 대학원생의 사건 심의 참여로 되는 것에 저는 동의하지 않지만, 무언가 새로운 관리·감독 체계가 마련될 필요가 있다고는 생각합니다.

이를테면 현재 운영되고 있는 국가인권위원회 진정 제도를 좀 더 전향적으로 활용함으로써 대학의 불충분한 수준의 징계 조치 등으로 말미암아 추가로 인권침해 등 피해 또는 차별 피해를 입었을 경우 이를 사유로 피해자가 다시 한번 판단하여 달라고 진정을 제기할 수 있게 하는 것은 어떨까요? 대학의 해당 징계 양정 수위가 적정했는지 여부 등을 포함해 절차 진행상에 부적절한 점은 없었는지를 객관적 제3자에 해당하는 국가인권위원회가 판단하여 결정을 내릴 수 있게 하는 등의 방식으로 피해자에게는 대학의 조치에 대한 불복의 기회를, 대학은 객관적 제3자의 관리·감독과 감시하에 두는 제도적 대안을 한 번 생각해 봄 직합니다.

대학이 제대로 하고 있는지 아닌지 감독 내지 감시하기 위한 - 물론, 대학 자치와 학문적 자율성이라고 하는 대원칙과도 당연히 조화를 이룰 수 있는 - 노력과 실천이 있어야 합니다. 지금은 피징계혐의자에게만 열려있는 불복의 기회를, 대학의 특수성과 필요성을 고려하여 대학 내 인권침해 사건의 피해자도 불복할 수 있도록 하는 제도를 새로 모색할 필요가 있습니다.

5. 견해 셋 :
대학의 합당한 징계처분과 새로운 유인구조

16페이지 하단에 "교원이 가해자인 경우 정직 3개월 다음 징계가 해임 혹은 파면이기 때문에 해임 이상의 중징계가 주어져야 할 사항에도 징계위나 교원소청위를 통해 경감되어 짧은 기간의 정직 징계만 부과되고, 이에 따라 피해자 보호가 충분히 이루어지지 못함"이라는 내용이 있습니다.

얼핏 맞는 듯도 하지만 틀린 점도 있다고 생각합니다. 우선 교원에 대해서 정직 3월까지의 한도 내에서 정직이 내려질 수 있으나 그보다 상향된 징계가 중간 단계 없이 바로 해임이나 파면이기 때문에 피해자 보호 등에 필요한 정도로 충분한 정직처분 등이 내려지지 못하는 문제가 분명히 실무상 있습니다. 비위 정도에 비추어 파면이나 해임까지 이른다고 단정하기는 어렵지만, 어쨌든 잘못은 잘못이고 피해자 보호의 필요성도 인정되는데 정직 3월까지밖에 정해져 있지 않아서 정직 3월 이상 처분하기가 어려운 사례는 얼마든지 있을 수 있습니다. 정직 상한선을 법 개정을 통하여 상향하고, 정직과 해임/파면 사이에 또 다른 형태의 징계처분 선택지를 마련해 두는 것에 저는 적극적으로 동의합니다.

그런데 '정직 3개월 다음 징계가 해임 혹은 파면이기 때문에' 해임 이상의 중징계가 내려져야 할 사항임에도 짧은 기간의 정직 징계만 부과되는 것은 아닐 겁니다. 논리상 선후 관계 또는 인과관계가 조금 이상합니다.

오히려 이렇게 생각해 볼 필요가 있습니다. 약간의 대학 옹호론을 펼 수밖에는 없겠는데요. 대학이 처분을 내릴 때는 두려워하는 지점이 있습니다. 바로 교원소청심사위원회나 법원에서 그 처분이 재량권 일탈·남용을 사유로 하여 취소되어 버리는 겁니다. 최근 수년 사이에는 분위기가 좀 달라지기는 하였으나, 과거에는 실제로도 교원소청심사위나 법원에서 처분이 취소되는 경우가 없지는 않았기 때문에 대학으로서는 아무래도 보수적인 입장을 취하는 경향이 생기게 됩니다. 학외의 불복절차에서 이처럼 취소되었을 때에 동일한 사실관계에 대해서 조금 더 낮은 수준의 양정으로 징계를 재의결한다는 것이 불가능한 것은 물론 아니지만, 현실적으로는 적잖이 부담이 되는 것만큼은 사실이지요. 그래서 이 문제는 대학의 책임만으로 돌릴 수는 없지 않겠나 합니다.

교원소청심사위나 법원에서도 정말 말 그대로 묵과하기 어려운 정도의 현저한 재량권 일탈 남용의 점이 보이지 않는다면 성희롱·성폭력을 포함한 일반적 인권침해 사안과 관련한 대학의 징계처분에 대해서는 일단 대학의 처분을 가급적 존중하는 방향으로 그 선례를 축적해 나갈 필요가 있다고 저는 생각합니다.

그러기 위해서 당장은 대학 내 인권침해 사안에 대한 징계 양정 관련 지침이나 고시 등 일응의 근거가 될 수 있는 중앙정부 차원의 대책 시행이 필요할 것이고, 중장기적으로는 성희롱·성폭력을 포함한 일반적 인권침해 사안에 대해서는 더욱 엄정하게 대처하여야 한다는 것을 법률상으로도 뒷받침해 줄 수 있도록 개선하는 입법이 필요할 것으로 봅니다.

6. 견해 넷 :
   인권센터 독립기관 지위 실질화의 과제와
   대학 현장점검 제도 제안

　　18페이지에서 제안한 대책 관련입니다. "인권센터장 교수 임명, 총장 직속 설치 혹은 독립 기구화 등 학내 지위 의무화"라고 쓰여있습니다.

　　맞습니다. 학내 독립적 지위 강화 중요합니다. 그런데 그 지위의 실질화가 더욱 중요합니다. "잘하세요", "잘하면 좋겠습니다"라는 독려나 권고만으로는 부족합니다. 독립기구로서의 운영 실질을 강화하기 위해서 저는 국가 차원의 관리·감독·감사를 받도록 하는 제도화가 필요하다고 봅니다.

　　그리고 함께 보겠습니다. "교원 혹은 학생징계위원회에서 인권센터 권고안을 수정 시 공개설명 의무 부과"라는 제안도 있습니다. 여기에 대해서는 적극적으로 반대 또는 최소한 유보적 입장임을 말씀드립니다. 대개는 피해자 보호와 비밀유지의무 때문에 인권센터 권고 결정안을 일반에게 공개하지는 않습니다. 서울대 인권센터의 경우에도 마찬가지였습니다.

　　그런데 원(原) 권고결정도 공개하지 않는데, 징계위 결정문을 공개설명하도록 의무화한다고요? 물론 피해자 중에는 본인 사건이 드러나도 상관없다고 생각하는 피해자도 있을 것이고, 오히려 공개적으로 공론화되기를 바라는 사람도 있을 겁니다. 하지만 그렇지 않은 피해자도 많이 있습니다. 이걸 일률적으로 의무화해서 다 공개하게 되면, 피해자 보호는 어떻게 하실 생각인가요? 그래서 저는 공개설명 의무 부과는 말도 안 된다고 생각합니다.

다만, 인권센터의 독립적 지위 강화 및 인권센터 권고 결정의 대학 내 상급위원회 수용 정도를 제고(提高)할 필요는 분명히 있습니다. 그러면 어떻게 하여야 할 것이냐?

다시 말씀드리지만, 저는 대학 외부로부터의 관리·감독·감사 또는 판단 제도가 필요하다고 생각합니다. 비교해 볼 만한 일례로서 여성가족부에서는 법률에 따라서 의무화되어 있는 4대폭력 예방교육을 일선 현장의 각 기관에서 제대로 진행하고 있는지 여부를 현장점검하고 컨설팅하는 제도를 운영하고 있습니다. 제가 그 폭력예방교육 현장점검 컨설팅 슈퍼비전위원회 위원으로 있기도 한데 그냥 대강대강 설렁설렁하겠지 라고 생각하시는 분이 있을지도 모르겠지만, 의외로 상당히 꼼꼼하게 점검이 진행되고 이루어지고 있습니다.

이와 유사하게 교육부에서도 지속적인 국가 차원의 점검 제도를 마련하는 것은 어떨까요? 이를테면 각 대학 내에서 신고가 접수되어 조사가 개시된 사건에 대해서는 어떤 정도의 조치나 결과가 왜 내려졌는지를, 현장점검 시에 소명하여야 하는 의무를 부과하는 것입니다. 다만, 이와 같은 점검은 정량적 평가는 쉽지 않을 것이어서 불가피하게도 정성적인 평가로 이루어질 수밖에는 없겠지요.

하지만 그 점검이 지속적으로 이루어진다는 것만으로도 많은 대학을 긴장시킬 수 있는 효과는 있을 겁니다. 그리고 현저하게 부실한 대학의 경우에는 마치 여성가족부 예방교육 현장점검 컨설팅 결과에서 부진기관으로 평가된 기관의 기관장에게 특별교육이수의무를 부과하는 것과도 유사하게 일정한 기관장 불이익을 가하는 겁니다.

여기서 만일 이와 같은 관리·감독·점검 제도를 실제로 운용한다면 반드시 유의해야 할 부분이 있습니다. 개별 구체적 사건에 대한 정보는 피해자 보호와 비밀유지원칙 규정 등 때문에 각 대학은 아무리 점검단에 대해서라 하더라도 공개하기를 꺼릴 겁니다. 그와 같은 대학의 입장도 수긍할 만한 것입니다. 불합리한 게 아닙니다. 그래서 이와 같은 점검단 제도를 운용하게 된다면 적어도 사건처리 현장점검의 경우에는 각 대학 차원의 비밀유지의무와 상충하지 않도록 예외적 보고의무를 인정하는 근거 규정을 사전에 마련해 둘 필요가 있겠습니다. 그리고 현장 점검단에게 고도의 윤리성 또한 요구될 것입니다. 현장점검으로 인해서 도리어 피해자 비밀 등이 함부로 유출되거나 하는 일이 생긴다면 절대 안 되겠지요.

아울러 앞에서 말씀드린 대로 대학 내의 조치 등에 충분히 만족하지 못한 피해자도 징계절차 상의 실질적인 당사자로서 대학 외부의 객관적 제3자에게 대학의 조치 합리성과 정당성 등에 관한 판단을 다시 한번 받아볼 수 있도록 하는 제도도 마련될 수만 있다면, 각 대학이 함부로 사건을 무마하거나 뭉개거나 솜방망이 조치를 내리지 못하도록 하는 데에 상당히 강력한 유인책이 될 수 있을 것으로 생각합니다. 이것도 일종의 대학에 대한 외부적 관리·감독·감사 기능이 될 수 있겠지요.

7. 견해 다섯 :
인권침해 사건 발생 시 대학평가 상의 불이익?

　연관하여 꼭 드리고 싶은 말씀이 하나 더 있습니다. 18페이지 하단에 보면 "교원이 가해자인 인권·권리 침해 사건 발생 시 각종 대학평가 및 기관평가시 감점 요인으로 도입"이라는 제안이 있습니다. 저는 이 점에 대해서도 적극적으로 반대합니다. 대학 총장이 '합리적'인 – 여기서의 '합리성'이란 윤리·도덕적 가치판단을 일체 배제한, (손익)계산적 합리성만을 의미합니다 - 인간이라면 이 제도가 마련된 상태에서 어떻게 대응할까요? 저라면 이럴 겁니다. "묻어, 얼른. 티도 안 나게 은폐해 버려." 안 그럴까요? 저라면 그럴 겁니다. 솔직하게 말씀드리자면 아마도 '저부터' 그럴 겁니다.

　사건이 발생했다는 사실 그 자체에 대해서 불이익을 주는 방향으로 제도가 입안되면 절대로 안 됩니다. 이건 사건의 은폐와 무마 시도 확산을 무럭무럭 촉진시키는 '온상'을 만들어 주는 꼴입니다. 대학도 사람 사는 사회인데 문제가 발생하지 않을 리가 없습니다. 그렇기에 문제가 발생하였다는 것을 이유로 불이익을 준다는 것은 사실상으로는 '자연'을 거스르려고 하는 것이나 별로 다를 바가 없습니다. '자연'을 거스르려 한다면 거기에 따르는 '반작용'은 반드시 발생할 수밖에는 없겠지요.

　중요한 것은 인권침해 등의 문제가 발생했느냐 아니냐가 아닙니다. 진짜 중요한 것은 인권침해 등 문제가 발생했을 때 얼마나 의지적으로 그 문제를 발본색원하고 건강하게 해결하려고 노력했느냐 하는 점에 있는 겁니다. 단지 사건이 발생했다는 이유로 불이익을 준다고 하면 저라도 사건 묻어버리겠습니다. 이러한 방향으로 제도를 설계하면 절대로 안 된다고 봅니다.

만일 앞에서 제안해 드렸던 인권침해 등 사건처리 및 인권침해 등 사건처리 및 그 경과에 대한 현장점검 제도를 도입한다 해도 마찬가지로 사건이 발생했다는 사실 자체만으로 특정 대학에 불이익을 가하거나 해서는 안 됩니다.

사건이 발생해 신고접수가 이루어졌는데 별다른 합리적인 사유도 없이 사건처리와 해결이 흐지부지 무마된 정황이 있다면 왜 사건을 똑바로 처리하지 않았느냐고 질책하면서 그에 상응하는 불이익을 가할 수는 있을지언정, 사건이 발생했고 그 신고에 따라서 사건을 잘 처리하기까지 했는데도 사건 발생 및 신고 빈도수가 많다는 이유만으로 불이익을 주는 방향으로 가서는 안 됩니다. 제도가 그렇게 설계되면, 다시 말씀드리지만 저부터도 '묻어버릴' 겁니다. '합리적'으로(위에서 이미 강조하였다시피, 여기서 말하는 '합리성'이란 '수단적' 내지 '계산적' 합리성만을 제한적으로 지칭하는 것입니다) 사고하는 사람이라면 누구나 그럴 겁니다.

중요한 것은 사건이 발생했을 때 충분할 정도로 피해자를 보호하고, 엄격하게 가해자에게 책임을 묻는 방향으로 관행이 수립·형성되고 정착될 수 있도록 대학을 지속적으로 유인해 나가는 것입니다. 사건이 발생하였더라도 그 사건을 잘 처리했다면 이는 칭찬받아 마땅할 일이지 사건이 발생했다고 불이익을 주는 것은 어불성설입니다.

8. 마치며

잘 알지도 못하는 주제에 말이 너무 길어졌습니다. 저보다 오랫동안 훨씬 더 깊이 고민하시고 훨씬 더 많이 공부하신 전문가 선생님들께서 보시기에는 아주 고깝게 또는 무척 언짢게 느껴지셨을지도 모르겠다는 생각을 합니다. 표현에 있어서도 무례한 점이 적지 않았습니다. 송구하다는 말씀을 드립니다.

다만, 대학 내의 인권옹호라고 하는 중차대한 과업에 저의 짧은 경험이 적게나마 보탬이 되었으면 하는 마음에서 드린 말씀이니 저의 표현에 다소 거친 점이 있었다 하더라도 나무 한 그루 한 그루를 보시지 마시고 그 너머의 커다란 숲을 보아주신다는 생각으로 그 전체적인 취지를 잘 헤아려 주시기를 부탁드리겠습니다. 경청해 주셔서 고맙습니다.

법정에 드나든 지 이제
그리 짧지만은 않은 시간이 지났음에도
정의가 무엇인지는 여전히 잘 모르지만,
피해자든 피의자·피고인이든
누구에게라도 부당한 점, 억울한 점이
단 한 점이라도 있어서는
결코 안 된다는 마음으로
하루하루 조심스레 변론을 준비하며
살아가고 있다.

저자소개

박 찬 성

춘천고등학교와 서울대학교 정치학과(現 정치외교학부 정치학 전공)를 졸업했으며(2005학년도 후기졸업 서울대 사회과학대학 수석졸업) 서울대학교 대학원 정치학과(석사과정)에서 수학하면서 정치사상을 공부했다. 이후 전공을 바꿔 서울대학교 법학전문대학원을 졸업하고(로스쿨 제2기) 서울대 대학원 법학과(법학대학원)에서 헌법학 전공으로 박사과정을 수료했다.

2013년 4월 변호사 자격 취득(변호사시험 제2회) 이후 대학 내 인권보호기관인 서울대 인권센터에서 성희롱·성폭력 등 인권 침해 사안에 관한 조사 담당 전문위원으로 근무했다. 2016년부터 2019년까지 한국양성평등교육진흥원에서 〈성희롱·싱폭력 관련 법과 사례〉 강의를 담당한 바 있고, 대통령경호처, 한국수력원자력(주), 한국석유공사, 한국건강가정진흥원, 고려대학교 인권센터 및 한국예술종합학교(KARTS) 인권센터 등 여러 국가기관·공공기관·공기업 등의 인권 관련 법률자문위원 및 성희롱·성폭력 고충심의위원을 지냈다.

2025년 현재는 고향 강원특별자치도 춘천시에서 고교·대학의 동문 선배이시기도 한 아버지와 함께 변호사 박호서·박찬성 법률사무소를 운영하고 있는 개업 변호사다.

그와 함께 인사혁신처 국가공무원 성희롱·성폭력 신고센터 자문위원, 국방부 본청 및 직속 예하부대 성희롱·성폭력 고충심의위원, 서울특별시(청) 직장 내 성희롱·성폭력 외부전문 조사위원, 포항공과대학교 인권자문위원, 대구경북과학기술원(DGIST) 인권옴부즈퍼슨 및 서울과학기술대학교 인권센터 심의위원, JTBC 보도자문단(여성인권부문) 자문위원 등으로 지금도 전국을 뛰어다니며 계속 활동하고 있으며, 여성가족부 성폭력피해자 무료법률지원사업 전문 변호사(피해자국선)로서 위촉되어 피해자 변론을 진행한 바 있다. 지역사회 내에서도 강원특별자치도 성희롱·성폭력 고충심의위원회 위원, 강원특별자치도 인권위원회 위원(구제소위원회 위원 겸임), 여성긴급전화1366 강원센터 운영위원회 위원, 강원특별자치도지방경찰청 인권위원회 위원 등을 맡고 있다.

그중에서도 인권자문위원으로서 포항공과대학교(POSTECH)와 이제 햇수로 9년째 소중한 인연을 꾸준히 이어나가고 있다는 점을 특히 감사하게 여기며 업무에 매진하고 있다.

박변호사님, 이럴 땐 어떡하죠?

초판 1쇄	2025년 2월 25일
지은이	박찬성
펴낸이	장병인
디자인	HOW'S CONSULTING
편집	박우현
제작지원	정소현 안웅비
이미지	by.zz
활자	표지활자/ 붕어
	내지활자/ sandoll명조Neo01, sandoll고딕Neo01
펴낸곳	싱크 앤 하우스
출판등록	2017년 4월 24일 제2017-000105호
주소	서울시 마포구 와우산로18길30, 2층
전화	02-3143-3670 팩스 02-3143-3671
전자우편	syncnhows@gmail.com
홈페이지	http://syncnhows.com
ISBN	979-11-991532-0-2

이 도서의 국립중앙도서관 출판예정도서목록(CIP)은 서지정보유통지원시스템 홈페이지(http://seoji.nl.go.kr)와 국가자료종합목록 구축시스템(http://kolis-net.nl.go.kr)에서 이용하실 수 있습니다.